Наши детки.

Несколько игр для родителей,

или весёлое воспитание.

Stephanie L. Mckay

Copyright © 2012 Stephanie K. Mckay. All rights reserved.
ISBN 978-0-9917416-8-7

Наши детки. Несколько игр для родителей, или весёлое воспитание.

Дети – это цветы жизни. Задача мужчины подарить женщине как можно больше таких цветов. Ну а, задача женщины принять этот дар и пронести его через всю свою жизнь. Беда только в том, что всё меньше женщин в наше время готовы к такому дару. А даже если и готовы, то не всегда находится тот, от кого хочется такой букет получить.

Откуда берутся дети? Это дар свыше, или мы можем их спланировать. Почему существуют бездетные пары? Как образуются многодетные семьи? В чём секрет появления детей на свет. Ну а если уж они появились, как сделать их счастливыми? В этой книге отчасти даны ответы на эти вопросы. Но основная задача книги не в том, чтобы развлечь читателя очередными теориями о появлении детей на свет.

Хочется, чтоб читатель задумался о своих взаимоотношениях с противоположным полом, о своих взаимоотношениях с детьми, о том, как важно прожить эту жизнь в гармонии со своими близкими, прежде всего с детьми. Как правильно их воспитывать, чтоб жизнь была всем в радость.

Эта книга своего рода учебник, помогающий построить гармоничные отношения с детьми. Книга написана с учетом современных психологических теорий о воспитании, а также на основании собственного опыта в воспитании детей. Она будет интересна как родителям, воспитывающим детей в полных семьях, так и мамам и папам, воспитывающим детей в одиночку.

От автора

Что побудило меня написать книгу о воспитании детей? Во-первых, воспитание меня, будучи ребёнком, то есть воспитание, которое было мною получено от родителей. Воспоминания об этом я называю «историями подопытного кролика», каким я была, находясь в воспитуемом возрасте. Во-вторых, опыт воспитания собственных детей. Он строился на довольно непростых отношениях со старшим сыном, которые никак от нас двоих не зависели. Здесь воедино слилось много факторов – наша полная с ним астрологическая несовместимость, лидерские качества обоих, отсутствие у меня опыта в воспитании, и к тому же приближался подростковый период, в который было страшно вступать. Так же одним из мотивов к написанию книги послужил интерес к психологии. Как и любая наука, детская психология обросла большим пластом теоретических знаний, но страдает отсутствием прикладных. Разработано множество тестов, направленных на лучшее познание ребёнка, методик по развитию тех или иных качеств, но большинство из них по той или иной причине не подходят для выстраивания ежедневного полноценного контакта с ребёнком. Большинство работ носит теоретический аспект и не оказывает существенной помощи родителям на практике. Безусловно, есть работы заслуживающие внимания, о них пойдет речь дальше. Но в своей книге мне хотелось уделить больше внимание практическому аспекту, тем простым, но незаменимым вещам, которые помогают ежедневно строить наши отношения с детьми. И строить не просто отношения родитель-ребёнок, а строить гармоничные, доверительные, любящие взаимоотношения.

Книга также содержит приложение с играми, которые были придуманы в нашей семье, чтобы скоротать долгие зимние вечера. Игры подходят для всей семьи. Они опробованы на моих детях, замечательно объединяют семью и создают хорошее настроение всем её членам. Также я включила в книгу несколько интересных тестов, разработанных практикующими психологами для определения доминирующих черт характера. Они помогут сориентировать родителей в таком сложном и важном деле как воспитание.

Искренность

Быть правдивыми и честными с детьми, не скрывая от них того,
что происходит в душе, есть единственное воспитание.
Л. Толстой

Воспитание, безусловно, интересный и многогранный процесс. Но для меня воспитание ребёнка, это - прежде всего воспитание себя. Я не выделяю процесс воспитания во что-то отдельное, чему нужно учиться, о чем нужно заботиться, чему нужно уделять пристальное внимание. Интересоваться всем этим, знакомиться с новыми методиками в воспитании, читать специальную литературу и повышать мастерство непременно нужно профессиональным педагогам и воспитателям, работающим с чужими детьми. Им в силу своей профессии приходиться иметь дело с детьми, на которых уже оказали определённое влияние родители. Им приходиться перевоспитывать, что намного сложнее. Что касается родителей, то у них есть помощник получше самых продвинутых методик – это родительская любовь. Правда наравне с помощью эта любовь может сыграть и злую шутку, если у родителей она настолько слепа, что заполоняет здравый смысл. Но об этом более подробно в главе «Слепая Любовь». Но в таких случаях воспитывать нужно родителей, а не детей. Поэтому в большинстве случаев дети такие, какие сами родители, или другими словами в них есть всё то, что есть в родителях. На этот счет даже пословица есть «Яблоко от яблони не далеко падает». Что могут вложить в ребёнка мама с папой? Только то, что имеют сами. Кроме того, замечено, что в ребёнке всегда намного ярче проявляется всё то, что имеется в родителях. К примеру, определённая негативная черта в характере матери будет превалировать у дочери и ярче, чем у матери. То же самое касается и положительных черт характера. К примеру, у щедрого отца, щедрость сына может вообще не знать пределов. Кроме того, очень часто у детей повторяется и жизненный сценарий родителей. Он бывает более ухудшенный, чем был у родителей, или наоборот чуть улучшенный, но в целом, всё идёт по

заданному кругу. Очень подробно о жизненных сценариях детей и родителей написано в работах американского психолога Эрика Бёрна. Поэтому менять, прежде всего, нужно себя. Хотя в реальной жизни всё намного сложнее. Мы можем в сотый раз говорить себе, что начинаем жить по новому, но в сто первый делать тоже самое, что делали на протяжении всей жизни. Если же нам и суждено радикально измениться, то в этом опять не будет абсолютно никакого нашего личного усилия. Так просто случается. Конечно, мы можем при этом бить себя в грудь и говорить, что «я изменилась», или «я стал мягче» т.д. Но случается в жизни лишь то, что должно случаться. Поэтому я бы вообще отмела природу всякого личного авторства как в своей судьбе так и в судьбе ребёнка. И в таком аспекте мой взгляд на воспитание сводится лишь к проживанию вместе с ребёнком его детства.

Когда я только начала писать книгу на тему воспитания, мой десятилетний ребёнок спросил меня на какую тему книга. Я ответила, что она касается воспитания детей. Он пожал плечами и сказал: «Зачем об этом писать, всё равно дети вырастут такими, какие они есть. Воспитывай меня не воспитывай, а я всё - равно буду такой, какой я есть». Я решила продолжить беседу на эту тему и добавила: «Знаешь, я пишу книгу, исходя из воспитания своих детей, и мне бы не хотелось, чтоб ты вырос, например, с такими чертами, бороться с которыми я призываю читателей. Какой же я тогда воспитатель, если даже собственных детей не смогла воспитать». Сын ответил: «Если я вырасту не таким, каким ты хочешь, ты- то здесь причём, это же я выросту. Воспитание нужно тебе, оно делает тебя спокойнее, ты думаешь, что нас воспитываешь, а на самом деле ты нас совсем не воспитываешь». «Ну как же так, - запротестовала я, разве я вас не воспитываю? Даже наказываю иногда». «Нет, ты только книжки пишешь, а наказываешь, когда разозлишься». Вот такой разговор у нас приключился. Привела дословно. Да, дети порой умнее нас, родителей.

С одной стороны, я осталась, удовлетворена беседой с сыном. Как сказал один классик, если вы всецело посвящаете себя воспитанию детей, их ненависть вам обеспечена! Значит, моё воспитание пока ещё в рамках естественного, раз дети его не замечают. По крайней мере, ненависть мне не грозит.

Но с другой стороны, выходит, что и писать-то особо не о чем. Если воспитание это просто проживание детства вместе с ребёнком, а в моём представлении это именно так, то к чему лишние слова. Я твердо убеждена, что дети это отражение наше нутра, то есть какие мы внутри, такими будут и наши дети. Но если мы не в силах поменять себя, а мы не в силах это сделать, то зачем тогда мучить своими требованиями детей? Так о чем тогда писать в книге о воспитании? Призывать родителей меняться в лучшую сторону, тогда изменяться и дети? Призыв, конечно, благородный, только что от него толку. Мы бы рады меняться, да только всё это лишь слова. Если мы быстро раздражаемся и орём на ребёнка по любому поводу, то мы будем продолжать в том же духе, хоть все книги мира будут призывать нас к обратному. Можно призывать демонстрировать ребёнку только свои лучшие качества, чтоб перенимал всё лучшее. Только вот куда девать всё плохое. Его ведь не скрыть. Оно есть в характере у любого. Поэтому мне показалось более правильным призвать родителей быть естественными. По крайней мере, со своими детьми. Мы так часто в жизни играем разные роли, на работе, с друзьями, с родственниками. Даже с детьми мы стали играть роль отца или роль мамы. Роль строгой мамы, или роль лучшего отца. Мы так часто бываем неестественными с детьми. А всё потому что стараемся быть лучше, чем мы есть на самом деле. Мы надеваем маски и иногда так заигрываемся, что забываем их снимать даже в общении с ребёнком. Многие психологи даже призывают к подобным играм с детьми, к контролю своих эмоций в общении с ребёнком. К примеру, автор одной из книг призывает матерей никогда не плакать в присутствии ребёнка. И обоснование – только у счастливой матери могут быть счастливые дети. Обоснование классное, и я вполне с ним согласна. Только вот от кого же, как не от матери ребёнку лучше узнать, что в жизни есть не только светлая полоса, но ещё и тёмная. Что далеко не все поддаётся нашему контролю, что в жизни есть не только радость, но и печаль, не только улыбка, но и слёзы. Кому как не матери показать ребёнку пример выхода из неприятных жизненных ситуаций. Кому как не матери, научить ребёнка состраданию, сопереживанию. И кому как не матери ребёнок будет сопереживать больше всего на свете. Через жалость к матери, ребёнок учиться жалеть других. Поэтому если возможно значение слова воспитание выразить словами, то самое правильное слово, наверное, будет искренность. Воспитание искренностью – лучшее, что может быть в семье. Не скрывая, того, что твориться в нашей душе, мы сможем рассчитывать на такую же искренность и со стороны ребёнка. Только так возможны открытые взаимоотношения в семье. Поэтому сам процесс воспитания детей для меня это процесс воспитания себя. Это не методика и не процесс лепки кого-то. Это просто наша жизнь с ребёнком, наше искреннее общение с ним.

Правда само слово искренность часто истолковывается двояко. Например, при семейном консультировании тема искренности всегда вызывает множество дебатов у пар, пребывающих в процесс развода. Если супруга всячески ненавидит мужа, считает его предателем и изменником, то призыв к искренности здесь воспринимается вполне буквально. Всю грязь об отце мать готова слить ребёнку. Это ведь тоже искренность. Я категорически против искренности в данном вопросе, даже если ребёнок взрослый и вполне способен осознать произошедшее. Ну, нельзя выливать всю грязь об отце ребёнку. И тогда у матерей возникает вопрос: а почему я должна лукавить и не делиться с детьми тем, что у меня внутри. Пусть знают всё, что происходит в семье, ведь должна быть искренность. Если ребёнок услышит от кого-то другого что-то неприятное об отце, это может быть очень и очень травматично. Но если он услышит это от своей матери, травма останется на всю жизнь. Во-первых, папа обидел маму. Во-вторых, папа оказался плохим. И как с этим ребёнку справиться? Ну и третья причина, по которой искренность в данном вопросе должна быть дозированной – обидчик то отец ваших детей. Ведь если стало возможным его полюбить, от него родить, то конечно, станет возможным и простить, даже без возврата отношений. Так зачем на этом временном этапе непрощения и обиды примешивать эмоции ребёнка. Они никак не смогут облегчить боли, а вот приумножить способны.

Независимость

- Моему ребёнку уже три.
С какого возраста можно начинать его воспитывать?
Мадам, вы опоздали ровно на три года.

Одна из моих любимых американских психологов Виржиния Сатир как то сказала: «Убеждена, что самый большой удар мне нанесет дочь, если придет ко мне на рождественский ужин только потому, что побоится обидеть меня. Я пойму, что мне так и не удалось воспитать в ней независимость».

Между тем независимость это именно то, чего так бояться в детях родители. Бояться, потому что с независимостью ребёнка родители лишаются контроля над ним. Ну а с лишением контроля приходят страхи воспитать неполноценного человека, неправильного, неудачника. Родители больше всего на свете бояться получить отбившегося от рук чада. Ведь они уверены, что без них оно пропадет. Родители убеждены, что способны направить ребёнка в нужное русло, расставить верные приоритеты, привить нужные мысли, в общем, воспитать достойного члена общества. А для этого нужно всего лишь малое - чтоб ребёнок их слушался. Ведь если не будет слушаться, как же он сможет достичь всего того лучшего, чего ему напророчили родители. Вот на этом этапе и возникает одна из важных губительных иллюзий в воспитательном процессе, что независимость в ребёнке развивать, конечно, дело нужное, но не самое важное. Родители уверены, что независимость нужна в более зрелом возрасте, когда, ребёнок четко представляет, что хочет от жизни и способен твердо идти к цели. Это верно, но откуда взяться этой независимости в зрелом возрасте, если её подавляли в детстве. Мы так любим вмешиваться в дела детей, помогать, опекать, мы называем это красивым словом «забота». И за всем этим мы не даём ребёнку никаких шансов быть самостоятельным. На самом деле одно из простых правил по развитию самостоятельности - это не вмешиваться в дело, которым занят ребенок, если он не просит помощи. Этим родители дают сигнал ребёнку: «Ты, конечно, сможешь, ты это сделаешь!». И второе правило, вытекающее из первого, не оставлять ребёнка одного там, где ему действительно нужна помощь. Оставление даёт ребёнку сигнал: «Это такая ерунда и ты не можешь её сделать!».

Мне очень нравится наблюдать за детьми. Особое удовольствие доставляет наблюдать за шалунами. Они не боятся никого и ничего. Им нипочем наказание, строгие окрики родителей, присутствие посторонних. Они продолжают шкодить, получая от этого огромное удовольствие. Шалуны всегда энергичны и радостны. Смотреть на них одно удовольствие. Ещё большее удовольствие наблюдать за их родителями, которым хватает терпения не прерывать этого милого процесса познавания окружающего мира. Ведь если для нас это шкода, то для ребенка всего лишь забавная игра. Позволение «творить» открывает ребёнку дверь в уверенность, которая в свою очередь приводит к самостоятельности. Только уверенный в себе человек, способен принимать решения, способен действовать независимо от обстоятельств, способен проявлять волю и самостоятельность. Уверенность рождает независимость. Но чтобы у ребёнка была уверенность, нужна «морковка». Уверенность, пожалуй, единственная черта личности, при развитии которой нам не пригодится кнут. Здесь работает только система поощрений. Критика, смех, ирония, не позволение, страх поручить ребёнку что-то ответственное – враги на пути развития в ребёнке уверенности. Очень легко привить ребёнку низкую самооценку, очень трудно от неё избавиться. Это почти невозможно сделать самостоятельно. Однажды, принизив качества ребёнка, его достижения и труды, недостаточным будет его просто в следующий раз похвалить. В память клетки информация «я плохой» откладывается намного глубже, чем последовавший за этим паттерн «я хороший». С большей вероятностью ребёнок поверит вашему «я плохой», чем вашему «я хороший». Конечно, опытный психолог в состоянии помочь поднять самооценку ребёнка, ну куда лучше её не опускать.

Развивая в ребёнке уверенность, не стоит бояться хвалить, восхищаться его малыми достижениями, позволять делать взрослые дела. Однако, в плане похвал, это не тот случай, когда хорошего много не бывает. Иногда бывает. Любая похвала, любое восхищение должно быть строго мотивированным и резонным. В противном случае мы получим увеличенную гордыню, с которой также трудно будет совладать, как и с пониженной самооценкой. Это палка с двумя концами. Задача – быть посередине, чтоб не скользить к краям. Задача непростая, как в целом, и весь процесс воспитания. Проанализируйте один день своего общения с ребёнком. Постарайтесь подсчитать, сколько раз вы обратились к нему с положительными высказываниями (радостным приветствием, одобрением, поддержкой) и сколько — с отрицательными (упреком, замечанием, критикой). Если количество отрицательных обращений равно или перевешивает число положительных, то значит общение неплодотворно. На самом деле воспитание не так трудно и нудно, каким оно может показаться после прочтения некоторых книг о

воспитании. Психологи любят несколько усложнять вещи и применять научные подходы там, где нужно применять любовь. В связи с этим может показаться, что воспитание ребёнка нечто такое, что требует специальных педагогических знаний и подготовки. Это отчасти верно, отчасти нет. Если не хватает любви, на помощь идут методики, что тоже неплохо. На самом деле если чуть углубиться, то воспитание ребёнка может стать очень милой и забавной частью нашей жизни. Ведь воспитание собственных детей даёт нам шанс воспитывать самих себя, вместе расти, меняться, совершенствоваться.

Что может быть прекраснее взращивания плодов и наблюдение за урожаем. Правда, иногда бывают осечки, и получается неурожай: плоды не радуют родителей. Желали вырастить одно, а получили другое. Вопрос на засыпку - причина в плохих плодах, в неверном уходе за ними или изначально неправильном желании. Более подробно об этом в последующих главах.

Привычки

- Папа, угадай, какой поезд больше всех опаздывает?
- Какой сынок?
- Тот, который ты обещал мне еще на прошлый Новый год!!!

К сожалению, для многих из нас воспитание превращается в процесс устранения наших личных недостатков в своих детях. Причем устраняем мы эти недостатки неосознанно. Вернее сказать, что в себе мы этих недостатков не видим, но очень замечаем в детях. А если даже и видим, то ничего с ними не можем сделать. А так как давно уже потеряна всякая надежда что-то исправить в себе, то нам кажется, что мы что-то ещё можем исправить в детях. И начинается большой процесс воспитания. Мы «пилим» детей, требуем чего-то, например, не ковыряться в носу, или прибраться в квартире, или вынести мусор и называем это процессом приобщения к культуре, или к труду, или как то ещё. Ребёнок сопротивляется. И это очень хорошо, так как это показатель того, что его воля пока не подавлена, он ещё в состоянии сопротивляться. Иначе в противном случае, когда воли уже нет, начинается рост биоробота, с подавленными функциями сопротивления. Не хочу чтоб читатель расценил это как призыв к отсутствию всяких требований к ребёнку. Требования могут присутствовать. Только при разумном подходе это совсем не требования, а скорее обязанности, которые есть у каждого человека, включая ребёнка. Требования это скорее то, что можно исполнить, а можно и проигнорировать. Обязанности ближе к тому, что нужно сделать, просто потому что нужно. Они ближе к потребностям. Например, у ребёнка возникает потребность одеваться, то есть прикрывать тело одеждой. Она ведь возникает не потому что вы этого потребовали от ребёнка. Скорее потому что это вы делаете всегда, и другие люди тоже делают. И ребёнок будет делать. Это превращается в потребность. Наши насущные обязанности, точно также превращаются в потребности если в них есть смысл. Ведь в одежде, которую вы одеваете на себя каждый день тоже свой смысл, например, согреться, прикрыть наготу, в чем тоже есть определённая цель и т.д. Ребёнок начинает это делать постоянно, без напоминаний и криков, потому что это надо делать. Он даже вопросов по этому поводу никаких не станет задавать. В прививании обязанностей и есть элемент воспитания. Именно в прививании, а не в криках, требованиях, наказании. Всё это идет в ход, если обязанности не были привиты, если время упущено. Вот тогда родители начинают это навёрстывать разными методами воспитания. Конечно, ни один из них работать не будет. И вот тогда мы вешаем ярлык и говорим «трудный» ребёнок, совсем отбился от рук.

Как всё было бы легко и просто, если бы ребёнку было достаточно просто разъяснить смысл каждой его обязанности. Например, нужно убирать грязные носки в ящик для грязного белья, потому что запах пота распространяется по комнате, ты им дышишь, поглощая микробы. Можно не только объяснить это, можно проиллюстрировать, привести какие угодно формулы, пригласить семейного врача, который подтвердит вредность запаха пота. Но готова поспорить, на следующий день носки будут лежать на том же самом месте, а не в ящике для грязного белья. Или второй вариант, ребенок начнёт их убирать сразу после прочитанной лекции, а потом снова вернётся к старым привычкам. Это как приобретённый рефлекс. По мере приобретения жизненного опыта в коре полушарий складывается система условно-рефлекторных связей. Такую систему ещё называют *динамическим стереотипом*. Он лежит в основе многих привычек и навыков. Поэтому если у ребёнка не выработалась привычки класть вещи на свои места, то она не выработается так быстро, как того хотят родители. И ребёнок здесь не причем. Такова наша физиология. Вопрос в другом. Почему у ребёнка выработалась привычка всё бросать? Потому что убранные по местам вещи никогда не были в семье чем-то необходимым. Хорошо это или плохо неважно. Важно, что мы хотим от ребёнка того, чего никогда ему не прививали и больше того, чего сами делаем не регулярно. В этом и есть наша беда.

Мы стремимся развить в ребёнке стремление к чистоте, тогда как сами к этому не стремимся. К примеру, у мам, помешанных на гигиене, как правило, чистота в доме возносится в ранг чего то неотъемлемого. Дети в этом доме будут без напоминаний принимать душ, убирать вещи и дважды в день чистить зубы. И не потому что они такие чистюли, а другие грязнули. Просто для них сходить в душ это такая же рефлекторная потребность, как для другого разбросать игрушки. Никаких секретов в воспитании здесь нет. Это чистой воды подражание взрослым, которое со временем перерастает в ежедневную потребность это делать. Или ещё пример, родители хотят, чтоб ребёнок меньше смотрел телевизор, тогда как сами любят проводит своё свободное время дома перед телевизором. Интересно, а как должен проводить его ребёнок? Конечно, мы хотим, чтоб он вместо этого ходил в баскетбольную секцию или занимался каратэ. Но для чего ему это надо? Можно, прочитать лекцию о полезности спорта, или преимуществах умения за себя постоять, или просто силой записать в спортивную секцию, но только это вряд ли не сработает, а если и сработает, то на непродолжительное время. В связи с этим, прежде чем что-то требовать от ребёнка, очень полезно взглянуть на себя. Возможно, вы поразитесь тому, как похожи вы в привычках со своим ребёнком. Можно объяснить это генетикой, а можно обычным подражанием. Ребёнок, как маленькая обезьянка, всему подражает. Он перенимает как плохое, так и хорошее. Возможно, здесь у внимательного читателя возникнет вопрос, а как объяснить тот факт, что двое детей, воспитывающиеся в одной семье могут быть абсолютно не похожими друг на друга. К примеру, два брата могут быть абсолютно разными, две сестры совсем непохожими. Если разница в возрасте небольшая, и дети одинакового пола, то они могут быть совершенно разными по характеру и непохожими друг на друга, однако с одинаково выработанными привычками, которые перенимаются у родителей. С привычкой убирать постели, складывать одежду, убирать игрушки и т.д. Если разница в возрасте от 4 лет и больше, то не исключено некоторое отличие и в привычках, потому что есть старший брат или сестра, которым родители частенько поручают сделать то, что как им кажется, пока не способен сделать самостоятельно младший ребёнок. В связи с этим у младших детей уже может не выработаться таких привычек, какие выработались у старших, хоть и воспитывались дети в одной семье. В связи с этим может возникнуть картина того, что дети совсем разные. В этом случае у младших вырабатываются другие привычки, например, возлагать больше обязанностей на другого, чем не себя, медлить с чем-то, не делать вовремя то, о чем просят (привычка, очень распространённая у младших детей) и т.д. При этом становится очевидным, что не ребёнок выбирает себе привычки, убирать постель или не убирать, чистить зубы или не чистить, они у него вырабатываются в процессе взаимодействия с окружающими. Если ребёнка окружают только родители, значит, они будут единственным индикатором его привычек, именно им он будет подражать. Если в семье воспитывается несколько детей, то все будут подражать друг другу, взаимодействуя друг с другом. Очень часто можно слышать, как, например, мама, обращаясь к своей дочери, говорит: «Ты разве видела когда-нибудь, чтоб моё нижнее бельё валялось разбросанным, как твое». Дочь может, и вправду, не видела разбросанного матерью нижнего белья, но зато видела систематически разбросанной остальную одежду в спальни матери. Ребёнок не будет вдаваться в детали того, что трусики нужно прятать, а платье можно и оставить висящим на стуле, потому что это платье. Ребёнок делает всё рефлекторно. Кто сказал, что трусы это плохо и это должно быть спрятано, а платье это хорошо? Повзрослев, девушка, возможно, без слов будет прятать трусики в шифоньер, но вот остальную одежду с большей вероятностью будет оставлять разбросанной.

Характер

Когда родители умны,
И добродетельно скромны,
То благонравны и сыны.
Себастьян Брант

Как показывают наблюдения за детьми, мы не в силах повлиять на характер ребёнка, мы не в силах изменить его, сделать мягче или наоборот, тверже. Характер такой, каков он есть. Если мы подчас не способны изменить сами себя, к примеру, из застенчивого превратиться в смельчака, или из медлительного в дюже расторопного, как же мы можем изменить детей? Конечно, здесь существует иллюзия, что пока ребёнок маленький, из него можно что-то слепить, можно выработать характер, развить какие-то черты. Но всё это лишь иллюзия. Мы ничего не слепим из ребёнка, ровно так же как наши родители ничего не лепили из нас. Характер у ребёнка такой, какой сформировался в результате многих факторов, никак от нас независящих. Можно сказать, что характер даётся, и мы не в силах его изменить. Но в наших силах уменьшить проявление одних сторон характера, скажем негативных, и увеличить проявление других. В этом и есть цель воспитания. Кажется, что у новорождённого нет пока характера, он будет только формироваться. Однако и это одно из наших заблуждений. У него уже есть характер, просто он его пока не демонстрирует столь ярко. А вот проявлению каких качеств характера будут родители способствовать, это уже зависит от них. Но опять, же сами родители не в состоянии поспособствовать развитию тех черт характера, которые не имеют сами. Поэтому формировать в ребёнке то, чего пока не сформировал в себе занятие бесполезное. Конечно, у каждого родителя присутствует чувство личного авторства в судьбе ребёнка. Я не знаю, это хорошо или плохо, это просто есть. Мы все мним себя авторами. Когда ребенок вырастает и становится достойным членом общества, то родителям часто говорят «достойно воспитали». Если же ничего путного из ребёнка не вырастает, то в лучшем случае говорят «родители не доглядели». Но характер складывается из стольких мельчайших психоэмоциональных волокон, рост которых никак от нас не зависит, что было бы ошибочным возлагать на родителей так много в плане формирования характера ребёнка. Здесь мы бессильны. Это настолько огромный механизм взаимоотношений растущего организма с внешним миром, что проконтролировать каждую возникающую эмоцию, просто нереально, равно как и выработать их набор. Истории известно немало случаев, когда родители пытались окружать ребёнка только позитивными вещами и ограждали от всего негативного, но несмотря на это формировалась жестокая, беспринципная личность. Равно как и в целях воспитания диктаторов, старались с детства прививать жестокость, но как будто наперекор всем будущий диктатор становился мягкосердечным и сострадающим. Характер таков, каков он есть, и было бы ошибочным стараться как-то его изменить. В связи с этим может возникнуть и ошибочное представление о самом воспитании. Раз мы ничего не можем поделать, и совсем не являемся авторами в построении личности ребёнка, то тогда и говорить на тему воспитания не стоит. Зачем все эти книги, советы, рассуждения? Ну, во-первых, огромной империи психологов, нужно чем-то заниматься. Они разрабатывают тесты, изучают строение личности, нашего «Я», эго, супер-эго, подсознания. Всё это, безусловно, интересно и полезно особенно, для родителей, кто прежде всего в силу своего собственного характера, сталкивается с трудностями в общении с детьми. Всё это надо и детям, которые по ряду причин испытывают прессинг и дискомфорт в общении с родителями. Не все мы рождаемся умными, зрелыми, мудрыми. Все совершают ошибки. Особенно болезненны ошибки в отношении детей. Ведь они не могут противостоять нам, взрослым, нашему террору, нашим желаниям что-то из них слепить. Не могут пока ещё себя защитить, не научились этого делать. Потому что это ДЕТИ. Также есть вероятность того, что эти же самые ошибки они будут повторять на своих детях.

Поэтому если родители в силу своего незнания всячески принижали ребёнка, вконец занизив его самооценку, то помощь психолога может быть очень даже кстати.

Если у родителей не получается построить гармоничных отношений с ребёнком, в силу собственной агрессивности или желания превалировать, опять же методики психологов, вполне могут оказать ощутимую поддержку семье. Но первый шаг навстречу этим отношениям все- таки за взрослыми. Не стоит ждать от ребёнка изменений, взросления, понимания. Иначе вы рискуете прождать этого всю жизнь и в итоге так и не дождаться. В общении с нашими детьми дорог каждый день, каждый миг. Время бесследно уходит, мы тратим его на выяснение отношений, на наши желания, на что угодно, только не на общение с детьми. Под общением я имею виду не просто слова «есть будешь» и «как дела в школе», а отношения я человек - ты человек, то есть равные, дружеские, открытые, партнёрские взаимоотношения людей, строящих вместе счастливую, радостную жизнь, в которую если и придет невзгода, то всегда будет поддержка, ведь это Семья. Утверждение, что характер не построить, не переделать и не изменить, вовсе не означает, что отпадает и необходимость воспитания как такового. Да, я больше чем уверена, что мы бессильны, что-либо сделать с характером, как с нашим, так и ещё с чьи-то. Но воспитание, как элемент формирования привычек, этикета, культуры поведения должны присутствовать в наших отношениях с детьми.

Очень часто родители, особенно папы, когда заходит разговор об их сыне говорят: «Вот мои родители никаких книжек не читали и ничего, вырос. И я сына выращу». В этом нет никаких сомнений, сына вырастит и возможно ничуть не хуже, папы-педагога, однако в наш загруженный технологиями век, в век нервозности и истеричности, нехватки времени и погони за заработком, полагаться на авось не стоит. Ещё веком раньше дети больше питались энергией природы. Они, как впрочем, и сами родители были более спокойны, уравновешенны, гармоничны. Люди были более близки ко всему натуральному. Они не испытывали таких стрессов какие испытывает сегодня современный человек, а следовательно и меньше раздражались на собственных детей. Дети имели больше свободы, так как дать ребёнку свободу не означало подвергнуть его опасности, как это стало означать в наше время. Возможно, поэтому в последнее время и стали так много внимание уделять вопросам воспитания. Как уберечь ебёнка от опасности, но в тоже время не ограничивать его свободы? Как воспитать доброту, когда в телевизоре сплошная жестокость? Как на ребёнка не кричать, когда на работе такая нервотрёпка? Так что перед современными воспитателями и психологами стоит нелегкая задача в поисках ответов на все эти вопросы.

Опека

Мама будит сына:
- Митя! Вставай! Пора в школу!
- Ммм. Не хочу!
- Митя!, просыпайся, а то опоздаешь!
Митя садится и говорит:
- Мама, есть как минимум две причины почему я не хочу идти в школу:
Во первых меня там никто не любит, а во вторых я там никого не люблю!
- Митя, есть как минимум две причины, почему тебе надо идти в школу:
Во первых тебе 40 лет, и во-вторых – ты директор этой школы!

В нашем общении с детьми мы очень часто путаем два понятия – любовь и опека. Очень часто чрезмерная опека, забота, желание оградить от неприятностей, объясняется нашей любовью к ребёнку. Родители любят детей настолько слепо, что не видят, как это вредит подрастающей личности. Такая слепая любовь разрушает, прежде всего, самих детей. Любовь сама по себе не способна нанести вред, но это в том случае, если это любовь разумная, неэгоистичная. Однажды мне довелось стать свидетелем такого разговора между мамой и ребёнком. Малыш игрался в песочнице, мама подошла и говорит: «Нам пора домой». Ребёнок посмотрел на маму и спросил: «Что, мне уже пора кушать?». Мама ответила: «Нет, ты уже замерз». То есть мама полностью проживает за ребёнка его жизнь. За него решают, когда ему кушать, что ему одеть, с кем и сколько играть. Это всё выглядит вполне безобидно пока ребёнок маленький. В этом случае, родители, как правило, многого от ребёнка не требуют, каждый соблюдает правила игры и особых конфликтов не возникает. Но проблемы появятся по мере взросления. Родители так входят в роль любящих опекунов, что стараются прожить за ребёнка всю его жизнь, конечно, прикрываясь маской любящего и заботливого родителя. Мне вспоминается совершенно жуткий случай, произошедший с одной российской семьёй. Родители растили дочку и всячески хотели ей только хорошего, что впрочем, естественно для любых родителей. Девочка росла очень послушной, полностью доверяла родителям, их выбору. Она просто не могла по-другому. Она не могла сопротивляться, ведь за неё всю жизнь всё решали родители, а они-то хотят только лучшего. Поэтому бунтарь в ней спал. Настала пора выходить замуж. И родители посчитали, что их дочери-красавицы местные парни и в подмётки не годятся. Она у них королева и достойна самого лучшего. Девушка поступила на факультет иностранных языков и родители стали искать ей жениха умного, богатого, щедрого. В таких случаях, конечно, замуж нужно выходить трижды, ибо всё сразу в одном не сыскать. Но родители этого видимо не знали и не теряли надежды найти того самого, единственного, чтобы «три в одном» и на всю жизнь, кто мог бы осчастливить их дочь. Нашли. Естественно, за границей. Ведь их королева не должна жить в бедной грубой, холодной России. Она должна жить на побережье океана. Заграничного принца нашли по интернету. Богат, хоть и всего на десять лет старше самой королевы. «Ничего, муж должен быть старше, это даже к лучшему», сказала умудрённая опытом мама. Приехал жених в российскую глубинку знакомиться с невестой. Привез видео своего дома, подарки всем приготовил, поразил юмором и щедростью. Правда, оказался, не на десять лет старше, а на все двадцать. Да и на фотографии был подтянутым, а в реальной жизни оказался с избыточным весом. Объяснил, что в интернет поставил старое фото, более свежего не нашлось. Невесте жених не понравился. Старый, толстый, невзрачный. Но родители сказали: «Стерпится - слюбится. Что тебе здесь в России киснуть». Послушная девочка сопротивляться не стала, ведь родители хотят как лучше. Увез жених русскую невесту в далёкую Америку. Через год дочка вернулась, и сказала, что больше никуда не поедет. Не любит она его.

Супруг оказался очень жадным, ревнивым, распускает руки и никуда не выпускает из дома. Вскоре приехал и сам жених. Умолял вернуться, снимал на видеокамеру каждый их день в России. Причем запечатлевал всё: как преподносит ей цветы, как стоит на коленях, как признается в любви и уговаривает вернуться, так как не мыслит без неё жизни. И тут родители снова вмешались: «Поезжай дочка. Может всё обойдётся. Любит он тебя, прощение просит. Попробуйте всё начать сначала, нужно уметь прощать». Родители призвали к прощению, но не призвали к любви. Замуж нужно выходить по любви, тогда будет всё, в том числе и прощение. И снова дочь не посмела ослушаться родителей, ведь для неё стараются. Пара уехала. Свою дочь родители видели в последний раз. Оказывается весь этот спектакль, заснятый на видеокамеру, нужен был жениху как доказательство его любви к ней. Эта плёнка позже использовалась его защитой в суде. На момент его приезда за ней у мужа уже была договоренность с другом об убийстве жены. Супруг оказался психически нездоровым человеком, с низкой самооценкой, которую поднимал, заводя себе молодых и красивых жён. Девушка была красавицей. Изуродованное тело нашли в гараже. Интервью с её мамой показывали в одной из программ. Женщина плачет и просит у дочери прощения, задним числом. Говорит, что хотела как лучше. Признаёт ошибки. Давила, настаивала, хотела лучшего будущего для дочери. Эта печальная история всё чаще наводит на мысль, что проживая за детей их жизнь, мы делаем их беззащитными, беспомощными, безвольными, не умеющими принимать решения, брать ответственность за свою жизнь. Как сказала Луиза Хей, лучшее, что мы можем дать нашим детям, - это научить их любить себя. Если бы родители этой девушки научили её любить, прежде всего, себя, то она никогда бы обрекла себя на этот брак. Это как же надо не любить себя, свое тело, чтоб лишить себя самого лучшего, что только может быть в жизни женщины – любви к мужчине.

Родители так увлекаются опекой над детьми, что забывают о самом главном - о любви к ребёнку. Точнее незаметно происходит подмена понятий, опекая, мы думаем, что любим. Особенно вредоносным это становится в период взросления. Родители требуют оценок, запихивают детей в университеты, колледжи, за них решают какую профессию выбрать. А потом жалуются, что ребёнок не хочет учиться. Конечно, он не будет учиться. Ведь как гласит народная мудрость «можно затащить лошадь в воду, но нельзя заставить ее пить».

Нужно не бояться давать детям самостоятельность. На практике это проявляется в меньшем вмешательстве в дела детей. Это не значит, что мы всё пускаем за самотёк, контроль, безусловно, нужен, доверяй, но проверяй. Но одновременно с ослаблением своей опеки мы учим ребёнка брать ответственность за свои дела. Например, можно по пятам ходить за ребёнком и говорить: «ты выучил уроки?», «ты собрал портфель?», «ты взял ланч», «ты убрал игрушки»? А можно составить список его утренних или вечерних обязанностей и полностью все это доверить ребёнку. Он будет с радостью ходить со списком и отмечать ручкой, что он сделал, а что ещё нет. В конце обязательно нужно подойти и проверить, всё ли сделано, помочь с тем, что не сделано. Но если помогать постоянно, то очень скоро ребёнок возьмёт за правило не доделывать все дела списка, он будет рассчитывать на помощь. Если ребёнок постоянно с чем-то не справляется, то в этом случае можно составить второй список, в котором перечислить дела, которые он делает сам, а какие вы делаете вместе. Список составляется вместе с ребёнком. Договоритесь с ним перемещать каждую неделю по одному делу из колонки «делаем вместе» в колонку «делаю сам». Такая своего рода игра очень понравится ребёнку и поможет ему быстрее научиться делать всё самостоятельно.

Очень легко поручить ребёнку мелкие дела, но сложнее позволить проявлять самостоятельность в делах покрупнее.

Здесь нужно быть готовым понести «убытки». Но зато ребёнок научиться видеть отрицательные последствия своих недочетов. А это самое бесценное. Сталкиваясь с результатом своих недочётов ребёнок взрослеет, учится брать ответственность, становится более сильным, уверенным (в случае, конечно, если не получает оплеух от родителей за свои ошибки). Вот поэтому, поручая что-то ребёнку, мы должны быть готовы к мелким потерям. Помню рассказ одной мамы о том, как её подрастающая дочь решила её порадовать и постирать бельё. В машинку были загружены одновременно белые и тёмные вещи. С какой гордостью дочь заявила, что всё перестирала и пересушила. Мать глянула на белое бельё, превратившееся в синее, и похвалила дочь за творческий подход к стирке, ну и за инициативу. К счастью, мама, оказалась готовой к убыткам. В следующий раз стирали вместе.

Затянувшаяся чрезмерная опека над детьми мешает им взрослеть. Возлагая на детей ответственность за их дела, мы учим их самостоятельности, решительности, мужественности. Это и есть самая большая любовь, которую мы только способны проявить по отношению к ним. Чрезмерная опека и забота делает их социально инфантильными, что приводит к череде других проблем – неуверенности, не умению справляться с жизненными трудностями, к чувству враждебности по отношению к миру, и как результат к ощущению себя несчастным, ненужным, одиноким.

Проявлять заботу нужно, помогая, направляя, корректируя, контролируя. И любовь проявлять нужно, то только не в качестве чрезмерной опеки. Проявление нашей любви как раз таки и есть одна из главных потребностей ребёнка. Её удовлетворение — необходимое условие нормального развития. Но потребность эта удовлетворяется, когда вы сообщаете ребенку, что он вам дорог, необходим, что вы его любите. Она удовлетворяется, когда вы его обнимаете, ласкаете. Но не когда вы делаете всю работу за него, не когда живете его жизнью, не когда всячески оберегаете от ошибок. Всё это медвежьи услуги, выходящие боком во взрослой жизни.

Даже в родительском приветливом взгляде ребёнок прочитает любовь, увидит её в словах: «Как хорошо, что ты у нас есть», «Я рада тебя видеть», «Как хорошо, когда ты дома», в действиях. Он увидит её во всём, что вы делаете, потому что он её ждёт. Работая с брошенными детьми, живущими в детском доме, меня всегда поражал факт того, как дети любят своих мам. Она его била, в мороз посылала попрошайничать, а потом отбирала деньги, чтоб купить себе бутылку водки, она запирала его в квартире голодным, забывая вообще о его существовании, а он при малейшем случае сбегает из детского дома к маме, потому, что она там одна, ей плохо. Ребёнок говорит: «она хорошая и меня любит, просто водку иногда пьёт». Он предпочитает быть в очередной раз избитым и голодным, но лишь бы быть с ней. Таких историй было множество. Ребёнок, пока он маленький, никогда не откажется от своей матери, чтобы не случилось, чего, к сожалению, не скажешь о матерях. Они отказываются, иногда сами приносят детей к дверям детского дома, говоря: «У вас ему будет лучше, накормлен и в тепле». И хорошо, что приносят. Только вот ребёнок так не считает. Ему нужна материнская любовь больше, чем кусок хлеба и кров.

Даже наказывать ребёнка необходимо с любовью. Можно раздражаться на внешнем уровне, но при этом ребёнок всегда должен чувствовать любовь. Об этом подробнее в главе «Наказание».

Недавно психологи провели исследования касательно объятий. Выяснилось, что дети, которые получают от родителей до четырёх-пяти объятий в день, более талантливы, причем их талантливость зачастую близка к гениальности. Например, Вирджиния Сатир рекомендовала обнимать ребенка несколько раз в день, говоря, что четыре объятия совершенно необходимы ему для выживания, а для хорошего самочувствия нужно не менее восьми объятий в день!

Баловство

- **Да, Вовочка, мы тебя избаловали...**

**Наверное, придётся тебя наказывать!
- Как это: ВЫ избаловали, а МЕНЯ наказывать?**

Тема баловства в возрастной психологии довольна противоречива. Пожалуй, это самый спорный вопрос, с которым когда-либо сталкивалась возрастная психология. Очень часто родители путают баловство с любовью. Например, нам кажется, что мы проявляем любовь, а на самом деле балуем ребёнка. Или наоборот, нам кажется, что ребёнку не хватает любви, (особенно часто это происходит в неполных семьях), нам хочется как-то её проявить и в итоге мы не находим ничего лучшего, как купить ему очередной подарок. Но иногда бывает и сдвиг в обратную сторону. Родители так бояться разбаловать ребёнка, что считают непозволительным купить просто так без всякого повода, какую-нибудь приятную безделушку. А ведь это так приятно получить что-нибудь просто так, а не только на день рождения и рождество. К примеру, когда мой старший сын был маленьким, каждый вечер, придя с работы, я приносила ему булочку черного ржаного хлеба и говорила, «это тебе кролик передал, я его только что по дороге домой встретила». Мы всегда вместе с булкой белого хлеба покупали и булочку черного, но она преподносилась исключительно как подарок от кролика. Ели эту булочку за ужином все, и хвалили кролика. Я приносила этот подарок от кролика каждый день, кроме субботы и воскресенья, делая это на протяжении многих лет, пока ребёнок не повзрослел. У меня было убеждение, что чем дольше ребёнок верит в чудеса, тем лучше. Даже в Санта Клауса мой старший сын верил чуть ли не до 15 лет. Мы свято берегли эту тайну и готовились к приходу Санты очень тщательно.

Можно назвать это баловством? Нет. Однако, что мешает родителям «баловать» ребёнка такими скромными подарочками в виде булки хлеба от кролика каждый день? Разве может такое баловство навредить воспитанию?

Когда мы говорим о баловстве малышей, то здесь родители любят часто упоминать японскую модель воспитания, согласно которой, ребёнок до пяти лет вообще не слышит слово «нельзя». Так называемый период «вседозволенности» в японских семьях продолжается всего до 5 лет. До этого возраста японцы обращаются с ребенком, «как с королем», с 5 до 15 лет – «как с рабом», а после 15 – «как с равным». Считается, что пятнадцатилетний подросток - это уже взрослый человек, который четко знает свои обязанности и безукоризненно подчиняется правилам. В этом заключается парадокс японского воспитания: из ребенка, которому в детстве разрешали все, вырастает дисциплинированный и законопослушный гражданин. Однако многие торопятся перенести эту японскую модель воспитания в западную действительность, хотя её ни в коем случае нельзя рассматривать в отрыве японской. В Японии после пяти лет ребенок попадает в очень жесткую систему правил и ограничений, действующих в обществе. На западе, безусловно, тоже есть свои правила поведения в обществе, но они настолько лояльны, что ребёнок, воспитывающийся в полной вседозволенности до пяти лет, и дальше не знает тормозов. Япония – страна групп, каст и строгого общественного мнения. Дети, оказываясь в обществе, это моментально ухватывают. Если ты не такой как все – будут проблемы. Задача японской педагогики – воспитать человека, который будет подходить обществу. У нас задачи несколько другие, а значит, и методы воспитания будут различны. Мы делаем акцент на развитие индивидуальности. У нас приветствуется любое мышление, ординарное или неординарное. Кстати, некоторые японские педагоги уже начали говорить об ущербности японского воспитания. Перекос в сторону группового сознания постепенно приводит к неумению самостоятельно мыслить. Более того, идея соответствия единому стандарту настолько прочно укореняется в сознании детей, что если кто-то из них и высказывает собственное мнение, то тут же превращается в белую ворону, становится объектом насмешек или ненависти.

В наших школах это явление тоже присутствует и называется bullying, причины для его возникновения могут быть какие угодно, но зачастую они совсем не связаны с проявлением у ребёнка индивидуальности.

Что действительно считается уникальным и вполне применимым в нашем обществе так это отношение к матерям, которое прививается японским детям с самого рождения. Маму дети называют словом «амаэ». В английском языке вряд ли найдется точный перевод этого слова. Оно означает очень тесную связь ребёнка с матерью. Глагол *амаэру* означает «воспользоваться чем-то», «быть избалованным», «искать покровительства». При рождении малыша акушерка отрезает кусок пуповины, высушивает её и кладет в традиционную деревянную коробочку размером чуть больше спичечного коробка. На ней позолоченными буквами выбито имя матери и дата рождения ребенка. Это символ связи мамы и младенца. В Японии редко увидишь плачущего кроху. Мать старается сделать так, чтобы у него не было для этого повода. Первый год ребенок как бы остается частью тела матери, которая целыми днями носит его привязанным за спиной, ночью кладет спать рядом с собой и дает грудь в любой момент, когда он захочет. От взрослых он слышит только предостережения: «горячо», «грязно», «опасно». Дети же, как правило, настолько боготворят своих матерей, что испытывают чувство вины и раскаяния, если доставляют им неприятности.

Мальчики и девочки воспитываются по-разному, ведь им предстоит выполнять различные социальные роли. Одна из японских поговорок гласит: мужчина не должен заходить на кухню. В сыне видят будущую опору семьи. В один из национальных праздников – День мальчиков – в воздух поднимают изображения разноцветных карпов. Это рыба, которая может долго плыть против течения. Они символизируют путь будущего мужчины, способного преодолевать все жизненные трудности. Девочек же учат выполнять домашнюю работу: готовить, шить, стирать. Различия в воспитании сказываются и в школе. После уроков мальчики обязательно посещают различные кружки, в которых продолжают образование, а девочки могут спокойно посидеть в кафе и поболтать о нарядах.

Японцы никогда не повышают на детей голос, не читают им нотаций, не говоря уже о телесных наказаниях. Но зато очень часто говорят, особенно в возрасте от 5 до 15 лет, вещи, которые кажутся абсолютно неприемлемыми в нашем обществе. «Если будешь так себя вести, все станут над тобой смеяться, останешься один». Для японца это самое страшное, они не мыслят себя вне коллектива. В возрасте от 5 до 15 лет детей учат искать своё место в обществе, иначе можно затеряться в нём, заблудиться и прожить жизнь впустую. Одиночество переживается японцами очень тяжело. Не исключено, что по этой же причине Япония входит в страны-лидеры по количеству совершённых суицидов. Индивиду трудно в этой стране остаться одному, ведь с детства внушается, что должна быть принадлежность обществу. Что касается баловства в нашем обществе, то здесь очень важно ориентироваться на возраст ребёнка. К примеру, в грудном возрасте, когда очень важную роль играет именно телесный контакт с ребёнком, родители из-за страха разбаловать ребёнка совершают самую непростительную ошибку – недодают ребёнку ласки. Им кажется, что если они будут слишком часто брать ребёнка на руки, баловать своим вниманием и лаской, то он избалуется, и будет проситься на руки постоянно. Откуда вообще взялось такое убеждение непонятно. Разве бывают дети, которые вырастают и продолжают проситься к маме на руки? Ребёнок переступает этот возрастной период и начинает, наоборот, проситься на пол при каждом попытке матери поднять его на руки. Ему нравится самому делать первые шаги, самостоятельно познавать окружающий мир. А вот недодать ласки и любви в этом возрастном периоде означает вселить в ребёнка неуверенность, незащищённость и породить массу личностных проблем. Тоже самое касается вопроса о том брать ребёнка или не брать в кровать взрослых. Многие психологи наперебой советуют ни в коем случае не класть ребёнка в свою кровать. Он должен знать свою кроватку, привыкнуть к ней и ни в коем случае не находиться в одной кровати с родителями. Конечно, если ребёнок постоянно спит с взрослыми, это порождает определённые проблемы. Он не знает своего личного пространства.

Особенно не рекомендуется мальчикам спать с матерями, а девочкам с отцами, так как у ребёнка в подсознании откладывается запах родителей и позже, с наступлением сексуальной жизни, не исключено, что парень или девушка в поисках партнёра будут неосознанно ориентироваться именно на этот запах. Но запреты на сон в кровати родителей относятся в основном к детям 8-10 лет. Однако в психологической литературе я не встречала ни одного убедительного довода в пользу запрета брать маленьких детей в кровать к взрослым. Почему мы считаем это баловством? Уж чего- чего, а ласки, теплоты, объятий, никогда не бывает много. Этим избаловать нельзя. Как приятно взять малыша в кровать, уложить посередине, укрыть огромным одеялом, спеть песенку или просто помолчать. Иногда и тишина бывает полезной. Под крылышком у родителей ребёнок чувствует защиту, силу, свою нужность. Но в тоже время необходимо, чтоб ребёнок имел свою собственную кровать. Особенно важно, положить малыша в собственную кроватку сразу после приезда из роддома. Положить в первый же день именно в детскую кроватку, а не в коляску, кресло или взрослую кровать. Таким образом, ребёнок почувствует, что его здесь ждали, готовились к его приходу, что он желанный. Он будет знать, что у него есть своё пространство, что впрочем, не исключает иногда временного перемещения под крылышко родителей.

Любовью избаловать нельзя. Однако всеми остальными вещами, которые родители ошибочно относят к проявлению любви испортить ребёнка можно. Например, потворствованием ребёнку в случаях, когда имеет место не потребность, а излишество. Любовь к ребенку подразумевает прежде всего помощь ему в жизненном функционировании. То есть через любовь мы помогаем ему строить мир вокруг, в котором он будет благополучно функционировать. Но родители очень часто путают исполнение всех инфантильных желаний ребёнка с заботой и любовью о нём. Если ребенку будет позволено всё, если родители будут всячески помогать ему решении собственных задач, то мы получим личность, которая непременно будет страдать во взрослой жизни. Повзрослев, ребёнок очень быстро обнаружит, что мир совсем не собирается под него подстраиваться. Люди вовсе не собираются плясать под его дудку. Это очень дезориентирует. Для воспитанного в баловстве ребёнка мир покажется враждебным. Избалованного ребенка в будущем ожидает доля отверженного. Реалии жизни таковы, что ни семья, какой бы любящей она не была, ни общество не будут опекать его всю жизнь. О психопатологии избалованного ребенка много говорил ещё Альфрэд Адлер, воспитавший своих четверых детей. Его многолетняя практика в области индивидуальной психологии показала, что люди, страдающие неврозом, в детстве были избалованными детьми. Избалованность формирует ущербное мировоззрение, при котором все люди вокруг существуют только для тебя. Все тебе должны, причём без всякого сотрудничества с твоей стороны. Доказательством избалованности являются факты, свидетельствующие о неспособности к самостоятельности: например, если человеку свойственно оставлять за собой беспорядок, то, следовательно, всегда в его окружении был человек, который постоянно наводил за ним порядок. В некоторых случаях, может быть и наоборот. Избалованный ребенок может быть, напротив, очень педантичным, опять же, если вокруг него всегда всё убирали. Это значит, что постоянную чистоту он будет требовать от других. Но самое интересное наблюдение, сделанное Адлером, заключается в наличии большого страха у избалованных детей. Он у них присутствует всегда. У детей с незначительной степенью избалованности, которые с детства приучались к самостоятельности и с раннего возраста приучались быть одни, как правило, обнаруживается меньше страха. Они могут беспокойно вести себя по ночам, иногда капризничать, но в целом, доставляют меньше хлопот родителям. Во взрослой жизни у них не наблюдается каких-либо серьёзных отклонений, они более гармоничны, радостны и вполне удовлетворены жизнью. Кстати, мало весёлого ждёт в будущем и ребёнка, кто был у родителей любимцем. Избалованность порождает множество психологических проблем во взрослой жизни.

В этом плане стоит очень разумно подходить к подаркам, которые преподносятся ребёнку. Хороший ориентир здесь истинная потребность ребёнка.

То, что ребёнку нужно всегда, в любой день, то чего никогда не бывает много – это общение с ребёнком. Но мы часто идём по пути наименьшего сопротивления. Куда проще купить игрушку.

Ребёнок очень радуется при её виде, возбуждён, но очень быстро она ему надоедает и он требует новую. При этом новая игрушка требуется им не столько как игрушка, столько как предмет, который вновь вызовет те хорошие чувства и впечатления, которые он до этого испытал. Конечно, ребёнок об этом не догадывается, он просто хочет новую игрушку и её получает. На самом деле через неё он получает порцию новых положительных эмоций. Происходит своего рода подмена чувств. Вместо положительных эмоций от общения с окружающим миром ребёнок получает эти эмоции от игрушки.

Разница может и небольшая, однако со временем ребёнок будет требовать все больше новых игрушек, причем эта погоня, продолжится и в зрелом возрасте, только вот игрушки будут уже взрослые и не всегда безобидные, и их всё время будет мало.

Мы любим покупать игрушки, так как нам приятно порадовать ребёнка. Нам нравиться видеть радостные глаза ребёнка, его возбуждение. Это своего рода компенсация за проведённый на работе день.

Однако никакая игрушка никогда не заменит 20-30 минут ролевой игры с ребёнком. Я не призываю родителей вообще отказаться от покупок игрушек. Однако я против покупки игрушек по требованию. Я часто покупала игрушки своим детям. Но, пожалуй, ни разу не делала этого по их запросам. И уж тем более не совершала сделок, типа, получишь игрушку за хорошее поведение, за хорошие оценки, за уборку в доме и прочее. В нашем доме есть игрушки, но все они были куплены неожиданно, как сюрприз, ни с чем не связанный. Исключение составляют лишь игрушки, преподнесённые на день рождения и рождество. Их ребёнок специально ждёт, иногда заказывает. В преподнесении игрушки сюрпризом нет баловства. Это не потакание его желаниям, не сделка с ребёнком, невыполнение его прихоти. Это то, что идёт от сердца.

Подытоживая написанное, хочется подчеркнуть, что баловать детей надо. Балуйте их своим вниманием, общением, присутствием, лаской. Это самое безобидное баловство, какое только можно представить. Многие родители считают, что всё это нужно делать очень дозировано в отношении мальчиков, ведь они будущие мужчины. Они не должны плакать, им нужно меньше ласки. Враньё. Именно недополученная в детстве мальчиками ласка в виде объятий, поцелуев и прочих проявлений нежности зачастую бывает причиной посещения ими женщин легкого поведения в зрелом возрасте. Нехватка любви причина многих эмоциональных расстройств и неудач во взрослой жизни. В век бешеной гонки, работающих сутками напролёт родителей, в век детей, воспитание которых происходит исключительно по сотовому телефону, многие родители испытывают чувство вины, по поводу мало проводимого с ребёнком времени. Из-за этого происходит перекос в сторону баловства. В редко выпавший выходной не находится ничего лучшего, как отправиться в магазин за игрушками. Воспитывая собственных детей, я тоже много работала и никогда не была домохозяйкой. Однако на этот счёт у меня устоявшееся убеждение: можно провести с ребёнком весь день и ничего ему не дать. Но можно провести с ребёнком всего час в день, но за этот час столько вложить в ребёнка, что он будет этого следующего часа ждать больше любой игрушки.

Деньги

**Внимание, родители! Ваш ребенок повзрослел, если на вопрос: "Что подарить?"
отвечает: "Давай деньгами".**

В последнее время стало популярно давать ребёнку карманные деньги. Когда мы переехали в Канаду, здесь, в школе, уже в третьем классе почти у каждого ребёнка имелись карманные деньги. Наш сын тоже стал просить выделять ему определённую сумму, которую если он не растратит, то будет копить. Его друзья в классе еженедельно получали от родителей от 5 до 10 долларов. Из-за довольно консервативного взгляда на этот вопрос, мы не стали выделять сыну этих денег еженедельно, дабы не превращать это в некую традицию или культ. Но стали время от времени давать ему небольшие деньги, чтоб он не чувствовал себя некомфортно в кругу сверстников. Однако что подразумевается под выражением «карманные расходы десятилетнего ребёнка» я не понимаю, посей день. Ребёнок никуда не ходит самостоятельно, не совершает никаких покупок, в начальной школе нет даже автоматов для покупки снэков или воды. На что ребёнку нужны карманные деньги? Но с привычками родителей всячески баловать своих детей не поспоришь, остаётся просто принимать правила общества и под них подстраиваться.

Когда ребёнок учится в старших классах, родители имеют привычку поощрять успеваемость школьника денежными вознаграждениями. Возможно, это неплохо работает, не знаю. Мы никогда не пользовались этим методом. Мне кажется, рано или поздно ребёнок начнёт требовать всё больше, а делать всё меньше, причем без должного усердия и творчества. В нашей семье мы часто использовали другой метод для поощрения в учебе. В случае успешного окончания учебного года летом покупали новый велосипед или что-нибудь из техники, например I-Poid. Возможно, это тоже самое, что и давать деньги, однако в нашей семье дети никогда не получали денег на руки. Исключение составляли только дни рождения, когда родственники, чтоб не морочиться с подарком, выбирали более лёгкий путь и преподносили его деньгами. Ещё одним исключением были игры, в котором победитель удостаивался приза в небольшом денежном эквиваленте. Но в этом случае, ребёнок как бы зарабатывал эти деньги своей внимательностью, эрудицией. Что касается подарков на день рождения, то у нас заведено деньги не дарить. Подарок готовится заранее, с учетом интересов ребёнка. Если он хорошо продуман, преподнесён с чувством юмора, если это не просто подарок ради подарка, а нужный, желанный предмет, то через год на вопрос что тебе подарить на день рождения «Деньги или приготовить подарок», ребёнок, не раздумывая, ответит: «подарок». Спрашивать у ребёнка, что ему подарить деньги или подарок мы стали примерно с 15 лет. Младшего сына мы об этом не спрашиваем, не успеваем. Он обычно в этом вопросе нас опережает и даёт заказ на подарок задолго до дня рождения. Правда, увидев по телевизору рекламу очередной игрушки, тут же заказ меняет. В итоге ко дню рождения, у нас появляется целый список с зачеркнутыми названиями игрушек, который всё время обновляется новыми. А вот у старшего сына, начиная с 15 лет, мы уточняем, что он желает получить на день рождения, деньги и купить что-то на них самостоятельно или подарок на наше усмотрение. Если он выбирает подарок на наше усмотрение, то он не обсуждается, он не знает, что мы готовим, это преподноситься сюрпризом. В денежном эквиваленте стоимость подарка такая же, как и сумма, которая была бы ему вручена, выбери он деньги. И мне очень приятно, что почти каждый год сын выбирает подарок вместо денег. Это означает, что в прошлом году мы попали в точку, наш выбор пришелся по вкусу.

Выбрать подарок ребёнку непросто. Задача усложняется с каждым годом, по мере взросления. С малышами все просто, они будут довольны любой игрушки. А вот подростки очень избирательны. В них ещё сильно подражания сверстникам, им хочется иметь то, что имеют другие, быть своим в тусовке, но в тоже время выделяться в ней. Им хочется порой невозможного. Они стараются совместить, с точки зрения взрослых, несовместимое. К примеру, хотят, чтоб у них было всё, что есть у других, но в тоже время, чтоб это было не такое как у других. В общем, иди туда, не знаю куда, принеси то, не знаю что.

Поэтому когда встает вопрос что же купить подростку на день рождения, то здесь учитывается множество аспектов. Его увлечения на данный момент, его способности и даже его круг общения. Мы стараемся подходить к этому процессу творчески и с юмором. К примеру, если дарим маленькую вещь, то упаковываем её в самую большую коробку, которую только можем найти. Обычно мы делаем подарок сборный, то есть на выделенные на это средства, покупаем несколько нужных, конечно, с нашей точки зрения, ему в данный момент вещей. Но иногда покупаем и какую-то одну вещь. Ну, это ни в коем случае не должны быть вещи связанные с достижениями или работой ребёнка. Лучше если это будут вещи, связанные с его удовольствиями. Ведь это подарок и он должен работать на удовольствие. Например, нельзя дарить книгу, если ребёнок не любит читать. Я понимаю благородный порыв взрослых подарить энциклопедию или умную развивающую игру, дабы приобщить к знаниям. Только вот оценит ли это ребёнок? Это всё - равно, что подарить жене навороченный утюг. Конечно, вещь в хозяйстве нужная, но это то, чем выполняется работа. Возможно, это не плохой подарок просто так, когда есть порыв что-то подарить, но это не может быть удачным подарком на день рождения. Кстати, некоторые мужчины умудряются дарить жёнам утюги и пылесосы даже после ссор, с целью примирения. И что самое интересное, иногда это срабатывает. Интересно, каким должен был быть старый утюг, чтобы заставить жену обрадоваться новому.

Что касается подарка подростку, то это может быть модная одежда, электроника, музыкальные инструменты, опять же все зависит от увлечений ребёнка. Например, готовя подарок к 15-летию сына, я нашла в интернете фотографию любимого им на тот момент певца, лидера одной популярной рок-группы. Мы заказали футболку с этой фотографией, подписав под фото «Мэфью, на память от его кумира». Восторгу сына не было предела. Первый вопрос был «Где вы это взяли?». Были и другие интересные подарки. Однажды делали в фотошопе коллаж. Фото сына приставили к фото его друга и переместили мальчиков на фото их любимых рэперов. Они получились в центре своих кумиров. Получившееся изображение отнесли в фотосалон, где нам их вывели на кружках. Лучшего подарка к рождеству невозможно было представить.

В любом деле должен быть творческий подход, а уж тем более, если это касается выбора подарков. Мне очень нравится заниматься именно выбором, причем не только детям, но и взрослым. Я никогда не дарю никому деньги. Мне кажется это самое пустое, что только можно подарить. Многие дарят деньги, потому что нет времени побродить по магазинам. Куда проще вручить конверт. Хотя мне кажется, даже банальный цветок в горшке будет значить больше любой купюры. Конечно, не всегда подарки бывают удачными, и к этому нужно быть готовым. Невозможно всегда угадать размер, цвет, вкус. Но важен сам процесс выбора, внимание, которое вы уделили человеку, ища для него подарок, сам момент вручения. Мне всегда казалось, что дарить подарок намного интереснее, чем его получать.

Что касается денег, то мне хотелось бы привести в пример семью, с которой мы часто общаемся. Мне очень нравится бывать у них дома, так как попадаешь в мир, где царит любовь и понимание. Это видно невооружённым взглядом. Особо мне приятен их подход в отношении денег. В семье шестеро детей, три девочки и три мальчика. Отец – владеет двумя щебёночными заводами и постоянно пропадает на работе. Воспитанием занимается преимущественно мама, ей помогает няня. Семья очень обеспеченная и может позволить многое. Однако лишь недавно у них в доме появился компьютер. Пользуются им в основном для общения по скайпу. У детей нет навороченной техники, крутых телефонов, айподов. У них есть всё необходимое, вплоть до личного водителя, так как дети ходят в частную школу далеко от дома. Но у них нет излишества. Позиция отца в этом вопросе прямолинейна: « Хотят дорогой роскошный телефон я не против, но хотя бы 20 процентов от его стоимости они должны заработать. Остальные 80 я с радостью добавлю, если за лето они не успеют заработать всю сумму. Но вещи для удовольствия должны зарабатываться». Слово отца в семье - закон. Сказанное им никогда не обсуждается и не ставится под сомнения. Мать имеет право голоса и авторитет, и вполне может не согласиться с мужем, поспорить. Ведь как бы петух не кукарекал, яйца все-таки несёт курица. Но этого спора никогда не увидят дети. В этой семье с современным западным укладом супруге каким-то дивным образом удаётся сочетать в себе восточную женскую покорность с силой и мудрость. Да, детям покупают игрушки и порой дорогие, если есть повод. Но их у них не много. Дети очень любят играть друг с другом, придумывают разные ролевые игры, конкурсы и так далее. В разгар одной из таких игр, я стала свидетелем того, как зазвонил телефон. Жена подняла трубку, даже не посмотрев в сторону детей. В доме, как по мановению волшебной палочки, воцарилось молчание. Дети замерли. Звонил папа узнать как дела. Шум до потолка продолжится после того, как мама поговорит. Они просто так воспитаны.

Наказание
Вовочка рассказывает соседу по парте:
- Вчера отец меня два раза выпорол.
- За что?
- Первый раз - когда я показал ему дневник.
А там такие отметки, такие записи!

А второй - когда он понял, что это его старый дневник.

Ещё одна из самых противоречивых тем в воспитании – наказание. Существует ли воспитание без наказания? Многие утверждают, что правильное воспитание это именно то воспитание, которое исключает наказание. Может быть. Но наша семья не из числа тех, которые могут воспитывать, не применяя наказание. Если честно, я пока ещё не встречала ни одной семьи, в которой бы полностью отсутствовало наказание. Есть послушные дети, непослушные, послушные в меру (хотя, что подразумевать под мерой?). Однако не существует родителей, которые бы ничего не требовали от детей, в том числе и послушности. Есть родители, которые не уделяют детям должного внимания, но даже в этом случае требовать с детей мастаки. А если мы что-то требуем, и этого не получаем, в ход пускаем наказание. Поэтому я бы разделила воспитателей, в роли которых выступают все родители, на две группы. Одна, и она в большинстве, это те родители, которые детей воспитывают. Они делают это как могут, порой интуитивно, что самое лучшее в этом деле, порой учась на собственных ошибках, порой не учась вообще. Но тем не менее они дают ребёнку, то, что ему нужно. Дают внимание, общение, оказывают помощь. Они всегда на подхвате, всегда рядом и готовы протянуть ребёнку свою руку помощи в тот момент, когда она особенно ему нужна. Такие родители будут требовать с ребёнка, вполне справедливо, успеваемости в школе, разумного поведения, послушания и т.д. Есть вторая группа родителей, мне всё же кажется, что их меньшинство, по крайней мере, очень хочется в это верить. Это те родители, которые совсем не уделяют внимание ребёнку. Причины могут быть самые разные, болезнь, работа, личная жизнь и т.д. Но, несмотря на отсутствие времени на воспитание, время на требования находится всегда. Такие родители бывают очень даже требовательны к ребёнку в отношении учебы, поведения, привычек ит.д. Пожалуй, даже ещё более требовательны, чем родители первой группы. Из-за этого, с наступлением подросткового возраста в таких семьях наступает пора непонимания и конфликтов с детьми. Дети жалуются на непонимание со стороны родителей, родители на трудный возраст и беспомощность. Откуда ж взяться пониманию, если родитель не растил ребёнка, не проживал с ним всех моментов, а следовательно и не рос сам. «Глупцов глупей, слепцов слепей те, кто не воспитал детей». В семьях, где родители проживали вместе с ребёнком все этапы его жизни, были свидетелями его трудностей, побед, взлётов и падений, а у ребёнка они тоже есть, в таких семьях подростковый период пройдёт более мягко. Возникающие разногласия буду разрешаться без упорства со стороны родителей, а с большим пониманием и любовью. Подростковый возраст именно тот период, когда наказание, как правило, уже не работает. И несмотря на это, именно в этот период, родители прибегают к наказанию намного чаще чем когда-либо. Парадокс. Но они наказывают, потому что всё остальное, как кажется, уже не работает. Это одна из самых грубых ошибок. В период, когда ребёнку как никогда не хватает любви, он получает ещё и наказание. Кощунственно, но это то, что делают многие родители. Нехватка любви у подростка выливается в «меня не понимают». При этом мы своим взрослым взглядом порой не видим эту нехватку любви, которую ощущает подросток. На вершине айсберга лишь общее непонимание. А теперь представим, что может случиться, если ко всему прочему, к повышенной критичности о своей внешности, к нервозности, подростковой неуверенности, восприятии себя как взрослого, нехватки любви, на подростка навалятся ещё и наказания со стороны родителей. Мы получим израненную личность, с кучей комплексов, низкой самооценкой, без силы воли и т.д.

Поэтому именно в подростковом возрасте я бы вообще исключила наказание, да и воспитание, как таковое, ибо к этому времени у ребёнка уже полностью сформировался как характер, так и привычки. Его уже незачем воспитывать. Что вложено, то вложено. Единственное, что подростку в этом возрасте нужно – помощь родителей. Да и её он в большинстве случаев будет отвергать. Подробнее о взаимоотношениях взрослых с детьми подросткового возраста в главе «Подросток».

Что касается наказаний, то возможно есть те редкие родители, которые обходятся без него. Но как я писала выше, мне такие семьи не встречались. Если есть требования к ребёнку, то будет и наказание, потому что нормально развивающийся ребёнок, с ещё несломленной родителями волей, никогда не станет выполнять беспрекословно всё, что требуют родители. Если воля ребёнка уже сломана, то в этом случае родители могут и не прибегать к наказанию. Но это не повод этим гордиться и восхвалять свои способности в воспитании. Если ребёнок уже больше не сопротивляется и во всём слушается родителей, значит, наказания было так много, что ребёнок просто устал, сдался, сломался. Это ненормальная ситуация, требующая пересмотра своего подхода к воспитанию. Дети не должны беспрекословно во всём подчиняться родителям. Это ненормально. Вполне естественно, если они не делают, того, что им говорят, или делают это по-своему, или медлят с выполнением поручений, игнорируют обязанности. Ведь мы делаем тоже самое. Однако полное игнорированиетребований родителей, систематическое невыполнение своих обязанностей также повод для пересмотра системы воспитания.

Мы часто под наказанием подразумеваем именно наказание физическое, и недооцениваем последствия неразумного применения крика, оскорблений, что есть наказание эмоциональное.

Я против физического наказания, равно как и наказания эмоционального. В нашей семье есть система наказания, к которой мы прибегаем довольно часто, к сожалению. Видимо, в своё время не выработали в детях необходимые привычки, которые бы с возрастом переросли в обязанности и потребности, поэтому приходится прибегать к наказаниям чаще, чем этого хотелось бы. Но наша система наказаний исключает применения наказания физического. Все наши наказания базируются на одном – лишении удовольствий. Если ребёнок не сделал чего то, что он знает, что должен был сделать, то обычно за моей угрозой «я тебя вынуждена наказать» следует беседа. Я предлагаю ребёнку самому выбрать себе наказание. Поверьте, наказание, выбранное самим ребёнком, всегда самое справедливое. Если ребёнок чувствует свою вину, он никогда не смягчит себе наказания. Он лишается удовольствий, обычно на два дня, или на неделю, в зависимости от тяжести проступка. Количество дней, на которое ребёнок наказывается, назначаем мы сами, а вот какого конкретно удовольствия ребёнок лишается, выбирает всегда он сам. Самым тяжелым наказанием в нашей семье считается запрет на компьютерные игры в течение установленного времени. Наказание также может включать запрет на игру в PSP, временное извлечения из пользования ExBox, табу на просмотр любимых мультиков, изъятие каких-то игрушек и т.д. У каждого ребёнка свой набор развлечений, которые доставляют удовольствия. Если не сделана определённая работа, которая должна быть сделана, ребёнок лишается удовольствий, так как удовольствия всё-таки должны следовать за работой. Делу время, а потехе час. Нас устраивает такая система наказаний, и она хорошо работает. Дети знают, чего им ожидать и у них всегда есть выбор, или выполнить свои обязанности, или лишиться развлечения. Дети очень не любят, когда их лишают развлечений, впрочем, как и взрослые. Поэтому чаще всего игнорирование обязанностей происходит из-за забывчивости, а не из-за безразличия к наказанию. Ребёнок никогда не выберет лишение развлечений в обмен на невыполнения обязанностей. Он может просто о них забыть. Забывчивость можно, конечно, простить. Но шансов, что в следующий раз ребёнок об этом не забудет равны нулю. Он снова забудет, и будет забывать пока не посидит неделю без компьютера или чего-нибудь другого. Поэтому, на мой взгляд, лишение удовольствий, самое рациональное наказание. Но оно должно быть тоже в меру. Нельзя ребёнка лишить любимой игрушки на длительный срок. Нельзя оставить в одиночестве, если вся семья отправляется развлекаться. Если ребёнок провинился, лучше планы перенести и всем остаться дома, но без обвинений ребёнка в несостоявшемся отдыхе. Нельзя отправлять ребёнка к бабушке, если он этого не хочет, только потому, что вы уверены, что там у него не будет никаких развлечений. Хотя мы такое одно время практиковали, но к счастью, быстро поняли ошибочность такого наказания. Чего мы никогда не использовали качестве наказания - это труд.

Однажды утром, к нам заглянула соседка, и увидев, что младший ребёнок, на тот момент ему было 7 лет, моет полы, удивленно спросила «И в чём он с утра пораньше провинился. Наказала что ли?». Мне стало смешно. У многих и вправду, детский труд ассоциируется с наказанием. Говорю, ребёнок сам попросил ведро с водой и захотел помыть полы. Для него на тот момент это было своеобразным развлечением. Он быстренько придумал игру из швабры и что-то там бормотал под нос. Мне даже в голову бы не пришло, таким образом наказать ребёнка. Наказанием трудом недопустимо. Ведь в будущем, любой труд будет ассоциироваться у ребёнка с наказанием. Он возненавидит работу. Также нельзя наказывать, за проступки, за которые наказание не последовало сразу. В этом деле, как ни в каком другом, есть давность. Можно сказать, что ты собираешься наказать ребёнка и вечером с ним это обсудишь. Но если это не было сделано вечером, не стоит это делать задним числом. Нельзя наказывать за страхи, за неловкость, неумение, за работу, с которой ребёнок не справился в силу своей индивидуальности. Нельзя наказывать в дурном настроении. Когда сами раздражены, когда что-то идёт не так в делах, никак независящих от ребёнка. В этом случае гнев не позволит определить вины ребёнка, мотивы, по которым он не сделал, что ему поручили. Ругая за что-то, не нужно переходить на личность ребёнка. Ты плохой, ты безответственный, ты лентяй. Это поступок может быть плохим или подход к делу безответственным, или лень вселиться в ребёнка без его участия, но ребёнок всегда один и тот же. Также нельзя наказывать перед сном. Не стоит вываливать на ребёнка претензии и сразу после пробуждения, даже если вы ночью натолкнулись на неубранные игрушки и ушибли нос. Тоже касается и момента, когда ребёнок принимает пищу. Если ребёнок совершил проступок, в оценке которого вы не уверены, не знаете наказать его или не стоит, значит не наказывайте. И наказание всегда должно быть одним. Если ребёнок совершил сразу несколько на ваш взгляд непростительных вещей, наказание может быть строгим, но одним, а не размноженным на ксероксе. Ну и самое главное это подход, с каким ребёнок наказывается. Чаще всего мы наказываем детей, когда раздражены. В этом наше естество. Конечно, в идеале, правильнее было бы взять время, чтобы остыть, всё обдумать, а потом уже поговорить с ребёнком. Но на практике чаще всего это не работает. Мы наказываем, когда разгневаны. Родители в такие моменты могут шлёпнуть по попе, накричать и выдать: «ты наказан». И это абсолютно нормально, потому что это эмоции. Мы ничего не можем с ними поделать. Было бы ненормальным удалиться, успокоить себя, а потом вернуться и хладнокровно отшлёпать ребёнка. Я не говорю, что эмоции это хорошо, они просто есть. Мы бессильны в совладении с ними. Можно прочитать кучу умных книжек, пройти тренинги по управлению гневом, но когда наступают эмоции, все книжки и умные советы отступают на задний план. Сила эмоций очень велика. Наши эмоции невозможно проконтролировать, они или есть или их нет. Здесь всё зависит от индивидуальных особенностей характера, психологического фона, наследственности и многого другого. Есть родители, которых не способна вывести из себя дюжина непослушных детей, а есть родители, которые взрываются по малейшему поводу, имея лишь одного ребёнка. Поэтому мне хотелось бы более подробно остановиться на вопросе наказания, в тех случаях, когда верх берут наши эмоции. А это случается очень часто. Я сама очень эмоциональная мама, несмотря на многолетние медитации, техники по наблюдению над собой, практики, что касается детей, я по-прежнему бываю тревожной, эмоциональной, порой требовательной и так далее. В случаях, когда вопрос касается наказания, эмоциональность не лучший товарищ, но с этим приходиться мириться. Поэтому как бы сильно вы не разозлились на ребёнка, применяйте одно простое правило, позже оно войдёт в привычку. Перед тем как обрушить на ребёнка свой гнев, или в промежутке между гневом, или после него, уж как получится, обязательно скажите ребёнку «Я тебя люблю». Я кричу, наказываю, ругаю, но я тебя люблю. Любое наказание должно применяться с любовью.

Дайте ребёнку понять, что вы его уже простили, что наказание никак не связано с вашим не прощением, с вашими чувствами по отношению к нему. Вы гневаетесь, но это вовсе не означает, что вы его не любите в этот момент и не прощаете.

Наказание это не искупление вины и не шаг к прощению. Это лишь метод, который помогает ребёнку в его самодисциплине. Оно не имеет ничего общего к вашим чувствам по отношению друг к другу. Вы его любите, всегда, независимо от того, убрал он постель или нет, выучил уроки или нет. Но наказание необходимо, чтобы помощь ребёнку научиться ответственно подходить к своим обязанностям. Можно объяснить, на примере ваших обязанностей. Ведь ваш босс тоже вас наказывает, если вы не сделаете, то, что должны сделать. Это не относиться к чувствам.

Что касается физического наказания детей, то оно в некоторых семьях по сей день является довольно распространённым методом воспитания. В таких семьях оно воспринимается, как единственный метод, который ещё как то работает. Почему то родители уверены, что однажды, применив к ребёнку силу, ничего остальное кроме силы он уже не поймёт. Это глубочайшее заблуждение. Беседа, разъяснение, мотивация, терпение и ласка – лучшие попутчики в вопросах воспитания или перевоспитания. Я не верю в полезность физического наказания. Я допускаю его только в случаях отсутствия контроля эмоций со стороны родителя. Если отец не смог совладать с собой и влепил ребёнку подзатыльник или мама шлёпнула по попе – это нормально. Я не утверждаю, что это хорошо. Это вопрос всё тех же эмоций, это порыв, который родители не в силах удержать. Но если родители вполне обдуманно, преднамеренно назначают ребёнку физическое наказание (например, простоять в углу, или просидеть запертым в тёмной комнате) – это неприемлемо и дико. Кстати, чрезмерно строгое наказание, вызывает в ребёнке чувство подавленности. Ребёнок будет искать облегчения своим страданиям, подсознательно избегая источника этих страданий. Так, у девочек, настрадавшихся от вспыльчивого отца, формируется прототип во взрослой жизни, исключающий мужчин из-за их вспыльчивого характера. Либо мальчики, которые постоянно испытывали психологическое давление со стороны строгой матери, могут избегать женщин. Эта установка избегания может, выражаться по-разному: например, ребенок может стать робким в отношении женщин, или может быть сексуальным извращением (что является просто другим способом избегания женщин). Извращения не являются врожденными, а формируются обстановкой, в которой ребенок живет годами. За ранние ошибки в детстве приходится дорого расплачиваться. Тем не менее, часто родители не понимают свой собственный жизненный опыт, поэтому благополучно переносят ту же модель поведения на своих детей, повторяя ошибки своих родителей. Из-за этого очень часто дети повторяют судьбу родителей, проигрывают тот же сценарий. Его вариации могут быть разными, но общие жизненные позиции остаются теми же.

Как избежать наказаний? Напоминать детям об их обязанностях. Всегда проверять, как выполнена порученная работа. Никогда не забывать, о том, что было поручено, так как если поручить и забыть, ребёнок расценит данное поручение как неважное, раз о нём даже не вспомнили. В следующий раз он его проигнорирует. Никогда не требовать неразумного, то есть не поручать то, что ему реально трудно сделать в силу возраста. Не заставлять ребёнка делать то, в чём нет необходимости. Ну и придерживаться родительской солидарности. Предположим, отцу, какой бы властью в семье он не обладал, нельзя отменять наказания, которое вынесла мать. Матери не стоит опускать авторитета отца и вмешиваться в его дела с детьми.

Не лишним будет подчеркнуть, что наказанием по большому счёту ничего не достигнуть. Точнее то, что мы достигаем при его помощи лишь временная уступка, пакт.

Когда ни ребенок, ни взрослый не знают, что женеобходимо изменить, воспитание будет бесплодным. Наказание лишь порождает в ребенке скрытность и трусливость, но при этом его прототип не меняется. Никакие самые строгие или самые мягкие наказания не изменят его и не помогут в формировании положительного жизненного опыта. В дальнейшем вся жизнь ребёнка будет определяться уже сложившимся прототипом. Какие-либо изменения мы можем внести, только затронув основы его личности. А для этого нам необходимо разобраться сначала в основах своей, в своих детских травмах, в том, как мы живём, что чувствуем, кто мы, какова наша цель. Это подразумевает огромный личностный рост, огромную духовную работу над собой, над своим внутренним «Я», рассмотрение под лупой всех своих эгоистических желаний и жизненных установок.

Общение

Вовочка приходит домой очень грустный. Мама спрашивает:
-Вовочка, ты чего такой грустный?
-А меня во дворе все дразнят, говорят, что у меня голова очень большая.
-Вовочка, не обращай внимания на этих идиотов, лучше сходи за картошкой.
-Так дай мне какую-нибудь сумку.
-Да на фига она тебе, снимешь панамку, в неё два ведра влезет.

Как мы общаемся с детьми отдельная немаловажная тема. Мы иногда говорим детям столько обидного, причем, даже не подозревая об этом, что если бы была возможность записать все наши некорректные высказывания в адрес своих детей на отдельную плёнку, то её длина нас бы шокировала.
Я чувствую важным акцентировать внимание на общении с детьми, однако, анализируя свой опыт общения с сыновьями, понимаю, что оно строилось больше интуитивно, без соблюдения каких-либо коммуникационных техник. Поэтому прежде чем писать эту главу я ознакомилась с работами детских психологов, пишущих на тему общения с детьми. И узнала немало интересного. Существуют специальные техники и даже фразы, помогающие ребёнку

раскрыться, помогающие родителям сблизиться с ребёнком. Даются рекомендации, как правильно задавать ребёнку вопросы, как правильно отвечать на детские вопросы. Многие методики основаны в частности на личностно-центрированном подходе (*person-centeredpsychotherapy*), о котором впервые заговорил известный американский психолог *CarlRansomRogers*.

Предложенная им совместно с Маслоу гуманистическая психотерапия оказалась особенно эффективной в работе с трудными детьми, в разрешении конфликтов, потому что ориентирована на личность того, с кем общаешься. Заслуживают внимания также работы Томаса Гордона на тему общения. Его труды интересны, прежде всего, тем, что предлагают родителям самовоспитываться и расти вместе с детьми. Предложенные им курсы очень подробно учат родителей общению.

Всё это, безусловно, интересно и познавательно. Вполне возможно, что при постоянной практике, неестественное в первое время общение, основанное на рекомендованных психологами фразах, превратится в настоящее искусство общения. Но самое ценное, что я вынесла для себя из опыта общения со своими детьми – это искренность. Она заменяет любые техники, курсы и правила общения.

Чаще всего все разговоры родителей с детьми происходят на ходу. Мы наскоком, как бы между делом спрашиваем как дела в школе, как провел день, чем занимался. Попутно мы готовим еду, смотрим телевизор, просматриваем газеты и делаем ещё уйму разных дел, кроме одного, самого главного - во время разговора с ребёнком мы не смотрим в его глаза. В нашей семье на протяжении длительного времени была традиция читать мысли по глазам. Конечно, никто из нас никогда не умел этого делать. Но всегда, при возникновении сомнений в искренности друг друга каждый умно заявлял: «Вижу по глазам, лукавишь». Дети всегда были уверены, что их мама умеет читать мысли по глазам. Я не уверена, развенчался ли это миф сейчас. Вполне возможно, что нет. Повзрослев, они стали сами пытаться делать тоже самое, заглядывая в глаза друг друга. Долго приставали ко мне с расспросами, как это делается. Объяснила, что помимо глаз ещё помогает сердце и другие органы. Может из-за веры в мои «сверх способности», которых никогда не было, дети ничего не сочиняли, по крайней мере, вранья у нас не было. Было просто искреннее общение, при необходимости, с пристальным смотрением в глаза.

Обычно родителям некогда слушать ребёнка. Точнее мы слушаем, но порой совсем в этом не участвуем. Потому что для нас, находящихся в плену собственных проблем, все детские проблемы кажутся настолько незначительными и несущественными, что самое лучшее, что мы можем сделать, это сказать ребёнку: не обращай внимание. Хотя единственное, что нужно для полноценного общение это всего лишь активно слушать. Можно не давать советов, не жалеть, не обвинять, а просто слушать. Иногда безмолвное слушание значит больше, чем действия. Но слушание должно быть активным. То есть ребёнку нужна ваша заинтересованность его делами. Возможно в другом случае, когда он предпочтёт о чем то умолчать, а вы начнёте активно у него это выпытывать, ваша заинтересованность может сыграть злую шутку, но когда ребёнок сам о чём то говорит, то это нельзя игнорировать. Нельзя слушать ребёнка по ходу дела, мимоходом, тупо поддакивать и делать вид, что вам это интересно. Дети очень чувствительны, и однажды уловив вашу спешку или вашу незаинтересованность его делами, вашу неискренность, ребёнок больше не будет с вами делиться. А в более старшем возрасте и подавно скажет: «Мои предки ничего не понимают».

Когда отношения в семье с самого начала строятся по типу открытых, то есть муж с женой способны на открытый диалог друг с другом, то ребёнок в отношениях с родителями будет вести себя также. С него не придётся вытягивать слова, угадывать его настроение, расспрашивать. Ребёнок сам будет делиться с вами всем, что его беспокоит. В этом случае родители будут прекрасно знать всех друзей ребёнка, все его проблемы, чем живет и чем дышит. Однако если в силу семейных традиций, культуры, отношений между взрослыми, в семье непринято обсуждать друг с другом детали, то ребёнок также не будет этого делать. Поэтому в этом случае важно построить общение с ребёнком не на вопросах, ибо ответы на них вы всё-равно не получите, а на деталях поведения. Предположим, ребёнок расстроен. Можно спросить: «что случилось?». Однако в 95 случаев из ста ребёнок ответит «Ничего». Цепочка замкнулась. Далее пойдёт бессмысленный разговор типа: «Как ничего, я же вижу. Тебя кто-то обидел? Ты поссорился с другом»? «Ни с кем я не ссорился» - единственное, что скажет ребёнок. Однако можно просто утвердительно сказать: «Что-то случилось». Не стоит ребёнка сразу забрасывать вопросами. Ребёнок пришел не в духе. Не нужно любопытничать, выуживать информацию, стараться ему помочь. Можно просто посидеть рядом, помолчать в тишине, послушать сердцем. Вовсе не всегда нужно слушать ушами, иногда полезно это делать и другим органом. А вопросы всегда задать успеем. Многие психологи советуют всегда из вопросов, которые кружатся в нашей голове, делать утверждения. Например, вместо: «Ты чем-то расстроен?» сказать: «Ты сегодня расстроен». Однако, здесь важны взаимоотношения. Например, моим детям не подходят утверждения, они их не любят. Хотя мне нравится не задавать вопросы напрямую, а делать из них утвердительные предложения, я могу это позволить только в случаях, когда у ребёнка позитивный настрой. Но при негативных обстоятельствах, мне приходится задавать прямые вопросы, так как мои утверждения воспринимаются старшим сыном примерно так: «Ой, мам, опять твоя философия, ты всё у нас чувствуешь, …. Младший сын тоже не любит утверждений. Его реакция примерно такая: «Что, опять по глазам прочитала?». Так что нам больше подходят вопросы. Возможно, кому-то больше подойдут утверждения в негативных обстоятельствах и вопросы в положительных. Поэтому ни один совет психолога не может быть уникальным. Никто не знает ваших детей лучше вас. Уникальным может быть только чуткость и искренность.

Очень хорошо помогает в общении с детьми конкретика. Она дисциплинирует и помогает избежать постоянных напоминаний, окриков, наказаний. Дети предпочитают конкретные, очень четкие указания. К примеру, ребёнок пришел из школы и играет. Пора делать уроки. Можно сказать ему об этом несколько раз. И каждый раз ребёнок будет говорить: «Скоро, уже заканчиваю, ещё чуть-чуть». После нескольких таких напоминаний, не исключено, что родитель просто взорвётся, ребёнок распсихуется, типа «вообще не буду ничего делать» и настроение будет испорчено как у родителя, так и у ребёнка. Можно диалог с ребёнком построить по-другому. На его «скоро», спросить «как скоро? Сколько тебе ещё нужно время?». Если ребёнок ответит чуть-чуть, то это не повод снова ждать, когда это чуть-чуть наступит. Дети очень плохо ориентируются во времени. Час за игрой может пролететь, как пять минут. Попросите назвать конкретное время, которое ему нужно, чтоб закончить свои дела. Например, 20 мин. За пять минут до окончания времени, напомните ребёнку, что через пять минут ему предстоит перейти к урокам.

Не позволяйте расширять временной диапазон. Таким образом, ребёнок не только приучается к дисциплине, но и очень хорошо начинает ориентироваться во времени.

И пару абзацев мне хотелось бы набросать относительно общения с элементами прессинга, неравенства. Обидеть ребёнка очень легко. Порой ребёнок может даже не показать обиды. Ведь часто он её показывает, чтоб его пожалели. Ну а если его обидел самый близкий человек, то кому он будет жаловаться? В этом случае обида откладывается внутри. К счастью, она очень быстро у ребёнка проходит, но, тем не менее, во многих случаях её можно было бы вообще избежать. Мы очень часто говорим что-то не думая, даём оценки, которые ребёнок может воспринять болезненно, особенно если находится в подростковом возрасте. А сколько критики слышат наши дети! Многие родители настолько прессуют ребёнка, при этом называя это «общением», что ребёнок начинает ненавидеть каждый разговор с родителем, потому что постоянно ждёт подвоха. Хорошо, если родитель видит себя, свой гнев, и выпустив его, способен подойти к ребёнку, обнять и попросить прощения. Страшнее, когда родитель уверен в своей правоте. Ещё страшнее, когда родитель знает, что был не прав, что перегнул палку, но из-за страха потерять авторитет никогда не подойдёт к ребёнку с примирением. Так рождается граница между ребёнком и родителем. С возрастом она будет лишь увеличиваться. С достижением зрелого возраста граница может исчезнуть, но велики шансы, что этот повзрослевший ребёнок своё потомство будет воспитывать точно также. Если граница не исчезнет даже по достижению зрелости, в этом случае вероятна другая крайность – не желая повторять ошибки своих родителей, собственный ребёнок будет воспитываться в полной вседозволенности, что породит также уйму проблем в отношениях. Ибо очень легко мириться с детской вседозволенностью, но всё труднее это делать по мере взросления.

Общения - основной инструмент в отношениях. Нет общения – нет отношений. Неправильное общение приводит к отсутствию нормальных отношений. Результат этого «проблемные», «трудные», «непослушные», а самое главное, несчастливые дети. И они таковыми не рождаются, они таковыми становятся. Очень часто не без нашего участия.

Если мы понаблюдаем над тем, как мы общаемся с детьми, а ещё лучше станем записывать реплики, которые бросаем детям, то очень быстро наберётся материал для юмористического журнала. Реплики из детства смешны глазами взрослых, но представьте малышей, которым приходиться всё это выслушивать. Ниже приведён взгляд взрослого человека на фразы, звучавшие в детстве. Я не знаю, кому принадлежат эти перлы, но они удивительно отражают сложившуюся действительность.

Так мама учила меня ДУМАТЬ О ПОСЛЕДСТВИЯХ: «Вот вывалишься сейчас из окна, не возьму тебя с собой в магазин».

Так мама учила меня ПРЕОДОЛЕВАТЬ НЕВОЗМОЖНОЕ: «Закрой рот и ешь суп».

Так мама учила меня УВАЖАТЬ ЧУЖОЙ ТРУД: «Если вы собрались переубивать друг друга, идите на улицу, я только что полы вымыла».

Так мама учила меня ВЕРИТЬ В БОГА: «Молись, чтобы эта гадость отстиралась».

Так мама учила меня МЫСЛИТЬ ЛОГИЧНО: «Потому что я так сказала, вот почему».

Так мама учила меня СТОЙКОСТИ: «Не выйдешь из-за стола, пока не доешь».

Так мама объясняла мне ПРИЧИННО-СЛЕДСТВЕННЫЕ СВЯЗИ: «Если ты сейчас не перестанешь реветь, я тебя отшлепаю».

Так мама учила меня НЕ ЗАВИДОВАТЬ: «Да в мире миллионы детей, которым не так повезло с родителями, как тебе».

Так мама учила меня БЫТЬ ВЗРОСЛЫМ: «Если не будешь есть овощи, никогда не вырастешь».

Так мама учила меня СМЕЛО СМОТРЕТЬ В БУДУЩЕЕ: «Уж погоди, дома я с тобой поговорю».

Так мама учила меня ОСНОВАМ САМОЛЕЧЕНИЯ: «Если ты не перестанешь косить глазами, на всю жизнь так и останешься косым».

Так мама научила меня ЭКСТРАСЕНСОРИКЕ: «Надень свитер, я же знаю, что тебе холодно!»

Так мама преподала мне ОСНОВЫ ГЕНЕТИКИ: «Это у тебя все от отца!»

Дети - подростки

**Лучший способ сделать детей хорошими –
это сделать их счастливыми. (Оскар Уайльд)**

Самая трудная пора в воспитании – это подростковый возраст. Если отношения в семье выстроены правильно, то многих проблем в этот период времени удастся избежать. Если отношения испорчены, то придется меняться в первую очередь родителям. Им предстоит сделать первый шаг в сторону пересмотра своего отношения к ребёнку, своих требований, своего характера. Ребёнок этот шаг не сделает никогда. Мы старше, мудрее, опытнее.

Что происходит с ребёнком в подростковом возрасте? Он начинает считать себя взрослым, но при этом отказывается считаться с ответственностью и обязательствами которые к этому ведут. При этом он прав требует больше, чем берет на себя обязанностей. И отвечать за что-то подросток вовсе не желает, разве что на словах. Вот именно это нас, родителей, так сильно раздражает в этом возрасте. Для нас сын или дочь всё те же дети, для нас ничего не изменилось, тогда как для них поменялся весь мир.

Для родителей здесь важно знать, что те взаимоотношения, которые выстроились с ребёнком до 13-14 лет, станут ключевыми в момент его взросления. Если отношения были открытыми, доверительными, если родителям удалось стать ребёнку другом – значит, подростковый период пройдёт гладко. Обычно, дети отдают нам сполна всё то, что получили. Так работает закон бумеранга. Если родители считали ребёнка глупым, кричали, унижали, то точно так же ребёнок начнёт относиться к родителям, когда повзрослеет. В 13-14 лет ребёнок набирает жизненную энергию. Энергетически он становиться намного сильнее своих родителей. Он может их по-прежнему бояться на внешнем уровне, но внутри он уже пробуждающийся вулкан. Он становится сильным, но при этом ему ещё не хватает жизненного опыта, мудрости. Если отношения с родителями были неровными, то с взрослением, они лишь обостряться. Ребёнок будет ненавидеть родителей, делать всё наоборот. Если же родители были ему друзьями, то период пройдёт гладко.

Так уж случилось, что в нашей семье мы оказались не совсем готовы к взрослению нашего ребёнка. С рождением второго сына, всё внимание было переключено на младшего. Старшему больше доставалось, у него появилась ответственность присматривать за младшим, помогать по дому и так далее. Отношения стали не такими нежными и трогательными. И к моменту, когда старший сын достиг 15 летнего возраста, у нас начался период непонимания. Это не произошло неожиданно. Постепенно, день за днём, претензий к ребёнку становилось всё больше, терпения всё меньше. Начались пропуски в школе, на которые мы стали реагировать, как и большинство родителей: требовать успеваемости, посещаемости, рисовать нерадостное будущее без образования и так далее. Скажу честно, не помогало. К тому же сам характер сына стал меняться не в лучшую сторону. Он становился замкнутым, предпочитал проводить время в своей комнате, надев наушники, игнорировал семейные мероприятия и так далее. Нам хотелось его вытащить из мира, им придуманного, но не тут-то было. Нас туда не пускали. Бесполезно было призывать к ответственности, чего-то требовать, как-то веселить, забавлять. Он был весь в себе. Мы находились в полном игнорировании. Наше мнение им не учитывалось, наши замечания казались ему старомодными, мы сами несовременными и так далее. И вот тогда пришло понимания того, что прессингом и требованиями отношения можно лишь усугубить, но никак не выровнять. Меняться нужно в первую очередь нам. Ведь, в конце концов, важным является не слепить из ребёнка какую-то образцово-положительную личность, а помочь ему стать счастливым. Если ребёнок не желает учиться, а предпочитает работать, это его выбор, главное, чтоб он был удовлетворён в жизни.

К 17 годам наши отношения с сыном выровнялись. Сейчас мы очень много общаемся, на самые разные темы. Иногда он проявляет беспокойство по поводу выбора профессии, своих способностей, поиска работы. На что получает один совет – любой его выбор будет принят и одобрен, главное чтоб он был счастлив. Можно прожить счастливую и беззаботную жизнь, выполняя простую, несложную работу, а можно быть крайне несчастным всю жизнь, пребывая при этом в высокой должности. Сын стал учиться, причем без всякого давления с нашей стороны. Ему предоставлен выбор жить, как он хочет, и быть в этой жизни кем хочет. Он знает, что наша поддержка ему гарантирована в любом начинании. Правда, иногда над ним всё ещё довлеют мысли, нами ему навязанные в силу нашей неопытности. К примеру, есть страх прожить жизнь впустую. Страх не состояться как личность, страх не найти работы и так далее. По мере возможности, мы исправляем свои педагогические ошибки, объясняя, что не бывает пустой жизни, что социальная непригодность вовсе не исключает человеческой состоятельности, что намного важнее иметь душеный уровень, духовные качества, чем профпригодность. Наша работа над ошибками продолжается. И плоды не заставляют себя ждать.

В период взросления ребёнка важно знать, что в этот момент происходит внутри. А там бушуют бури. Не стоит поднимать свою бурю в стакане. Лучше переждать. От ребёнка будут исходить безапелляционные суждения в отношении окружающих. Но это вовсе не означает, что ребёнок стал чёрствым и жестким. Не нужно делать преждевременных выводов, просто так он само утверждается. Можно мягко корректировать, просить избегать резких оценок. У подростков всё черты характера, как правило, сильно обострены. Внимательность может уживаться с поразительной черствостью, и даже жестокостью, застенчивость с развязностью, жадность с щедростью, аккуратность и даже брезгливость с неряшливостью. Подростки обычно эмоционально неустойчивы, для них характерны резкие колебания настроения (от радостного возбуждения до апатии и даже депрессии). Наиболее аффективные бурные реакции возникают при попытке ущемить самолюбие подростка. Желание чтоб с ним считались, признавали, может чередоваться с показной внешней независимостью, пофигизмом и огромной гордыней. Желание и потребность общаться со взрослыми может чередоваться с желанием уединиться, побыть в одиночестве. Родителям не просто пройти через всё это, быть свидетелями подобных выходок. Но это работа гормонов, с этим ничего не поделаешь. Как и в каждом периоде развития, в нём есть свой определённый букет психологических реакций на окружающий мир. Реакции подростка могут быть непредсказуемы и иметь негативные последствия. Поэтому мудрость родителей в этот период времени необходима как никогда.Если ребёнку до семи лет в основном нужна только мама, а ребёнку после семи нужен преимущественно папа, то вот в подростковом возрасте ребёнку как никогда нужны оба родителя в равной степени. Но парадокс заключается в том, что и мама и папа должны влиять на ребёнка опосредованно, находясь при этом в тени. Ведь они больше не авторитеты для него, да и он уже больше не ребёнок. Задача не из лёгких. Но она вполне выполнима. Очень хорошо, если в этот период времени в окружении ребёнка появится человек, который станет ему наставником. Им не может стать отец или мать. Это заведомо проигрышный вариант. У ребёнка начинается поклонение кумирам, появляются другие интересы. Хорошо, если родители в теме всего, что твориться в голове у ребёнка и шагают в ногу со временем. Но даже в этом случае лучше с ролью наставника справится посторонний человек. Наставником может быть человек в возрасте 18-25 лет, который станет подростку другом. Это может быть тренер, коуч-лайф. Лучше если родители будут с ним знакомы, будут уверены в его влиянии на ребёнка, потому что существует немало примеров негативного влияния на подростков. Ведь в этом возрасте они очень внушаемы, восприимчивы к авторитетам. Подростки стараются во всём подражать взрослым. Они чувствуют себя взрослыми, но жизнь-то пока ведут детскую. Они всё ещё должны возвращаться домой в определённое время, ходить в школу, делать уроки. Поэтому им ничего не остаётся, как подражать внешне. Отсюда курение, первый алкоголь, выезды на пикник. Они полностью копируют взрослых. Чаще всего подражания бывают нелепыми, порой уродливыми, а образцы для подражания – не самыми лучшими.

Поэтому важно, чтоб подростка окружали в этот период времени люди с высокими моральными устоями, равнение на которых было бы благоприятным. С кем поведёшься, того и наберёшься, гласит народная мудрость. Лучше если родители пойдут навстречу потребностям ребёнка, подыщут ему наставника-авторитета, раньше, чем этим поиском займётся сам подросток. Но наставник должен быть другом сына, а не родителей. Подросток не станет дружить по родительской указке. Сближение с наставником происходит естественно. Нам в этом плане повезло. Мы предложили сыну походить в секцию капуэро, без всяких мыслей о наставнике. У них там свои традиции, свои правила приветствия друг друга. Молодой инструктор, несмотря на юный возраст, оказался очень талантливым руководителем. Он много проводил с ребятами времени после занятий, показывал им разные трюки, поразил сына умением делать сальто. На протяжении двух лет он стал для него настоящим кумиром и другом. Даже просил мальчиков показывать свои школьные отметки, таким образом, стимулируя к учебе. Позже сын бросил капуэро, из-за переезда в другой город. Мы нашли аналогичную школу капуэро на новом месте, причем новый тренер оказался мастером его предыдущего тренера. Но, к сожалению, резонанса уже не произошло. Несмотря на высокий ранг, новый наставник не смог увлечь. Вскоре интерес к капуэро вообще пропал.

Ещё одна проблема, с которой встречаются родители – это безобразный внешний вид. Наряду с изменениями чисто физиологическими, меняются и вкусы ребёнка. Ещё совсем недавно свободно, легко двигавшийся мальчик начинает ходить вразвалку, опустив руки глубоко в карманы, пряча голову в воротник куртки или скрывая глаза за шапкой. Девочки начинают ревностно сравнивать свою одежду и причёску с одеждой кумиров, выплёскивая на маму эмоции по поводу найденных расхождений. Помню, насколько сложно мне было убедить сына не одевать на себя одновременно две абсолютно несочетающиеся друг с другом футболки и не носить шерстяную шапку в жару. С моей точки зрения, он выглядел как матрёшка. С его точки зрения это было круто и вызывающе. Я, как большая эстетка, отстаивала свою позицию до конца, думая, что прививаю, ему хороший вкус. В итоге, ушёл подростковый период, пришел нормальный вкус. Я довольна, как он одевается сегодня, и с ужасом вспоминаю его гардероб в 15 лет. Скоро подрастёт второй сын, каким будет его стиль в подростковом возрасте пока загадка. Но каким бы он не был, мы примем его тотально.

Одна из причин психологических трудностей в подростковом возрасте связана также с половым созреванием. Ребёнок меняется на глазах. Физические изменения влекут за собой и психологическое взросление. Ребёнок становится стеснительным и застенчивым, расстраивается из-за малейшего дефекта, преувеличивая его значение. Тело так быстро растёт, что на адаптацию не хватает времени, из-за этого движения становятся несколько неловкими, угловатыми. Ломается голос, он становится писклявым, временами через этот писк прорывается взрослый грубый тембр голоса. Ну и самое видимое изменение, подтверждающее взросление ребёнка это волосы. Они чудным образом начинают появляться там, где их никогда не было. Вначале на лобке, затем под мышками и – ура!

долгожданный юношеский пушок на верхней губе и подбородке. Мальчики ждут, не дождутся, когда возьмут в руки свой первый станок и начнут бриться. Наш сын попросил купить по этому случаю ему весь набор мужских принадлежностей для бритья, хотя брить, по сути, было нечего. Но велико было желание. Советы отца повременить, так как впереди целая жизнь с бритьём, по утрам для боса, по вечерам для жены, отметались на ходу. Таким сильным было желание попробовать. Удивлению сына не было предела, когда в одном из мужских разговоров по душам, отец сказал ему, что брить-то теперь придётся ещё и подмышки. Сын пообещал попробовать. Попробовал. А потом отец ошарашил ещё больше: «Знаешь, а брить-то придётся ещё и там...». На что сын ответил: «Шутишь? Надеюсь, больше мне ничего нигде не нужно брить? «Нет, это последнее, и оно на твоё усмотрение», - ответил муж смеясь. Так мы вступили во взрослую жизнь.

О первых поллюциях мы не вели специальных разговоров с сыном. Лишь время от времени покупали литературу, например, энциклопедию для мужчин, само собой, не ему лично, ведь в этом случае он бы её даже не открыл. Покупали как бы для себя, оставляя на видном месте.

Очень много шутили на эту тему и много говорили о женитьбе, опять же вперемежку с шутками. В таком возрасте подросток никакую информацию, какой бы полезной она не была, напрямую от родителей воспринимать не станет. Но в случайных разговорах на заданную тему, о ком-то, не касательно его лично, прозвучавшая информация обязательно отложиться, он возьмёт её на заметку. Это лучший способ что-то вложить в подростка, так как время нотаций, поучительных бесед, лекций и наставлений уже ушло. Наступила пора разговаривать с ребёнком как со взрослым. И это один из замечательных периодов в воспитании. Вы теперь на равных, но в тоже время более мудры, вам есть, что сказать ребёнку, у вас бесценный опыт, который может быть частично применён.

На этом этапе нужно объединиться с ним, стать одним целым. Так ему намного легче будет вступать во взрослую жизнь. Одна голова хорошо, а две лучше, а когда ещё и сердца при этом объединены – можно вершить горы.

Что касается сексуального воспитания, то, как я уже упомянула, мы этим особо не занимались. Психологи рекомендуют с появлением первых поллюций у мальчиков и менструаций у девочек специально говорить на эту с ребёнком. Говорить о «пестиках и тычинках», об ответственности за девушку и за возможного ребенка, о средствах контрацепции. Стоит учитывать тенденцию к снижению возрастной планки начала половой жизни и говорить о возможных дисфункциях и гормональных отклонениях возможных при ранней половой жизни. Психологи подчеркивают, что заложение основ полового воспитания очень важная задача, которую нельзя возлагать на кого-то, снимая ответственность с себя. Мы ни на кого не возлагали этой ответственности, но и не прилагали специально каких-либо усилий в этой сфере. Всё прошло естественно. На наши шуточные вопросы: сколько ты хотел бы иметь детей, и в каком возрасте хотел бы жениться, сын отвечал в шутку. Если меня что-то настораживало в его пусть даже шуточных ответах, я высказывала точку зрения, ссылаясь на ведические знания или на исследования ученых. Никакая информация не преподносилась от меня лично! К примеру, несмотря на расхожее мнение о полезности секса, не рекомендуется растрачивать сексуальную энергию до 20 лет, равно как и откладывать рождение ребёнка на «после 30», потому что энергетический пик приходиться именно на период с 20 до 30. Это не значит, что сексуальной энергии становится меньше после 30 лет. Нет. Просто становится меньше энергии жизненной. У пар, поженившихся после тридцати, в лучшем случае будет два ребенка, в худшем один, в самом худшем ни одного, хотя при этом они могут быть абсолютно здоровы. У пары, женившейся до 30 лет, в два раза больше шансов иметь от трёх детей и больше, потому что жизненной энергии больше. А энергия – это наше здоровье и успех. Карьеру можно построить и после 30, университет не убежит, а вот энергия утечёт. Дети всегда прибавляют нам порцию новой энергии. И если она начинает вполне естественно затухать после 30, то наши дети, сполна её компенсируют. Юноша в возрасте 15-25 лет ещё не способен правильно управлять своей сексуальной энергией, он не в состоянии отличить сексуальное влечение от нечто большего, велик соблазн покорять женщин, управлять ими и так далее. Это ведёт крастрату энергии жизненной. И если женщина способна стать хорошей матерью и женой в 18 лет, то юноша к этому абсолютно не готов. Обо всем этом мы разговаривали и продолжаем разговаривать. Возможно, в этом присутствует элемент сексуального воспитания, но мы не касаемся напрямую вопросов секса.

    В подростковом возрасте ребёнок хоть и борется за свободу, но не стоит забывать, что одновременно и боится этой свободы. Психологи, работающие с подростками, говорят, что многие уже повзрослевшие подростки признаются, что им хотелось бы, чтобы родители были с ними строже, учили бы, что хорошо и что плохо, что надо и что не надо. Иногда полная свобода дурманит, подросток теряется, он не знает, как поступить. Перед ним открыты все двери, и он не знает, в какую шагнуть. Очень часто, шагают к той, которая ближе. Это естественно, но только за этой дверью, как правило, не то, что ожидает подросток. Поэтому было бы здорово вместе с родителями открывать более сложные двери. Уверенность в доверии и внимании родителей – именно то, что нужно взрослеющим детям.

Братья и сестры

С первым ребенком родители кипятят всё подряд,
со вторым - только соски, с третьим соски обдают горячей водой,
а если соску четвертого утащила и грызет собака
- то это проблема ребенка, как вернуть её обратно!

Мне очень нравятся многодетные семьи. Быть может, моя мечта иметь много детей когда-нибудь ещё сбудется. Ну а пока, остается наслаждаться обществом друзей, которым посчастливилось воспитывать много детей. Бывать в таких семьях одно удовольствие. Когда наши друзья, родившие шестерых детей, всем семейством приезжают к нам в гости, то мне смешно становится даже от того, как они погружаются в лифт. Они в него не умещаются! Дети начинают выяснять, кто поедет, а кто останется ждать следующий. Это такое удовольствие за ними наблюдать. Родителям не заскучать. Они всегда окружены такими мощными энергетическими потоками, исходящими от детей, что только успевай двигаться.

В таких семьях обычно существует строгое распределение обязанностей. Каждый с полуслова, без напоминаний, знает, что ему делать. Потому что каждый поставлен в определённые условия, при которых комфорта надо достигать. Каждый делает, то, что надо делать, чтоб существовать комфортно. Если средний не подаст игрушку младшему, значит, младший будет кричать под ухом. Если старшая не положит браслетики на место, то средняя их тут же подберёт, и так далее. Всё очень естественно. Каждый, заботясь одругом, выживает сам. Все в целом делают всё друг для друга и одновременно для себя. Очень получается гармонично, слажено, и главное естественно. Когда я наблюдаю за такими семьями, складывается впечатление, что родители их даже не приучают специально проявлять заботу о младшем, помогать матери, убирать всё по местам. Дети эти все навыки усваивают по мере появления в семье других детей. Их сама жизнь учит всем этим навыкам. Возможно, я ошибаюсь, может и существует какая-то система воспитания в многодетных семьях. Но мои наблюдения показывают, что это происходит спонтанно. Как сказал Джон Уилмот: «До женитьбы у меня было шесть теорий относительно воспитания детей; теперь у меня шестеро детей и ни одной теории. Ведь обычно как воспитывать детей, знает каждый, за исключением тех, у кого они есть. Вообще, матери, воспитавшей нескольких детей, можно смело выдавать несколько дипломов о высшем образовании. Она, как правило, становится педиатром, психологом, консультантом по карьере, специалистом по моде, и вообще большим мудрецом в жизненных вопросах. Не говоря уже о самом главном – счастье, которое приносят дети, а потом и внуки. Это самое настоящее женское счастья, которого никогда не бывает много, равно как и детей.

Расти в большой семье непросто. Дети, выросшие в больших семьях несколько другие. Наличие в семье нескольких детей влечет разный подход родителей к ним. Хоть и бытует расхожее мнение, что мы всех своих детей любим одинаково, однако при этом относимся мы к ним совершенно по-разному. Даже когда детей двое, отношение у родителей к ним будет разным. А если их пятеро или шестеро? Основатель индивидуальной психологии Адлер вообще назвал первого ребенка самым несчастливым, так как это своего рода король, смещённый с трона. Рождение второго ребёнка откладывает неизгладимый отпечаток на характер первого. Но зато можно не переживать, о его разбалованности, судя по всему, уж что-что, а это ему не грозит. Между двумя детьми начинается конкуренция за родительское внимание и любовь. Старший будет стараться вернуть себе положение единоличного владельца родительского внимания. Естественно, проиграет. В будущем у него могут появиться лидерские качества, так как и во взрослой жизни он будет продолжать воевать за внимание и стараться завоёвывать признание, которое так и не получил в детстве. Если дети одного пола и детей только двое, то конкуренция между ними будет продолжаться всю жизнь. Она может быть скрытой или явной. В этом случае заключен некий жизненный парадокс. В то время как родители делают всё возможное, чтоб детям было хорошо, сами дети делают всё возможное, чтоб превзойти друг друга.

Если в семье один ребёнок, то он будет конкурировать с отцом за внимание матери. Ту заботу и защиту, которую он получает от матери, будучи маленьким, он будет ждать от всех во взрослой жизни. По этой причине единственные дети, как правило, большие эгоисты, им сложнее общаться со сверстниками, так как в детстве он ни с кем не воевали за внимание, у них нет опыта выживания. Второй ребёнок воспитывается, полностью ориентируясь на первого. Первый задаёт ему темп, второму ничего не остаётся, как бежать, всё быстрее и быстрее, в том числе и в своём развитии. Начинается конкуренция за внимание и маленький вынужден не отставать. По этой причине второй ребёнок всегда кажется более развитыми, чем первый. Он начинает ходить раньше, так как старший «подгоняет», раньше говорить, опять же, чтоб внимание родителей перетянуть, он оказывается более смышленым и так далее. Вырастает такой ребёнок очень честолюбивым. Он всю жизнь будет доказывать, что он лучше своего брата или сестры. Он будет ставить высокие цели, а это в свою очередь будет увеличивать и риск неудач. Ибо больно падает тот, кто высоко взлетает. Третий ребёнок, если он последний, то можно сказать, что это везунчик. Он никогда не лишится своего трона, однако, при этом он король без власти. Вокруг будет много серых кардиналов. Он всегда будет окружён безграничным вниманием родителей и старших братьев или сестёр, но при этом никто не будет от него ничего ждать, ведь он ещё маленький. Из-за этого у него будет возросшая мотивация чего-то добиться в жизни, добиться того, чего не добился никто в семье. Присутствует некий паттерн: «я ещё покажу, на что способен». Во взрослой жизни такой ребёнок будет очень талантлив в своём деле, если конечно, его выбор профессии был сделан правильно. Если он становится учителем, то одним из лучших, если автомехаником, то таким, о которых говорят «он с золотыми руками». Но вполне возможен и другой сценарий, ребёнок может наслаждаться ролью младшего всю жизнь и не прилагать никаких усилий для изменения. В этом случае он может остаться зависимым и беспомощным, вместо того чтоб стать сильным и самодостаточным.

Если в семье рождается ещё один ребёнок, то средний, как правило, примыкает к старшему, как бы теряясь в его тени. В этом случае, если старший увлекается спортом, то средний обычно интересуется гуманитарными науками или музыкой, как бы в противовес. Исследования показывают, что средние дети в семье обычно более чувствительны к несправедливостям, не переносят хитрости, лицемерия. Но всего этого они не переносят по отношению к себе, тогда как вполне могут прибегнуть к хитростям в отношении других. Во взрослой жизни они продолжают во всём отстаивать справедливость.

По-другому с каждым из детей ведут себя и родители. Более ответственный подход наблюдается в отношении с первым ребёнком. Он обычно посещает все кружки, какие только есть в городе, от него требуют хорошей учебы в школе, от него ждут каких-то достижений, уникальности и так далее. Со вторым ребёнком родители всё ещё также носятся, как и с первым, с той лишь разницей, что требуют от него меньше. С рождением третьего ребёнка, от второго и подавно ничего не требуют, разве что посидеть с маленьким на момент их отсутствия. Родители уже более опытны в уходе за ребёнком, а следовательно, и более разумны, спокойны. Мама уже более не утка, трясущаяся над утёнком, а уверенная, знающая, решительная.

Существенную роль играет и период между рождением детей. Если дети рождаются с перерывом два-три года, то в отношениях между детьми и в отношениях родителей к детям проигрывается вышеописанная модель. Если перерыв между рождением детьми большой, например, пятнадцатилетняя разница в возрасте между первым и последним ребёнком, то будут различия и в подходе, а следовательно, у детей будут формироваться уже другие прототипы. Важную роль играет и половое различие. Если в семье все девочки и один мальчик, то этим уже всё сказано. Не исключено, что у девочек будет несколько принижена женская роль и преувеличена мужская. Девочки во взрослой жизни могут чувствовать некую мужскую доминанту в отношениях с противоположным полом, недооценивать своей роли и так далее. Тоже происходит и в семьях, где все мальчики и одна девочка. Повзрослев, девушка может с некой долей превосходства относиться к мужскому полу, испытывать повышенную гордыню, что в свою очередь повлечёт трудности в построении отношений с мужчинами.

Все эти наблюдения дают лишь общую картину видения. Всё настолько взаимосвязано и индивидуально, что ни одна наука не способна дать четкие схемы и руководства. Лишь чуткость родителей и их любовь - лучшие помощники.

Наличие большой семьи даётся не каждому. Много детей – это подарок судьбы, который возможно чем-то обусловлен. В-первую очередь, запасами внутренней любви женщины. Без любви невозможно зачать, выносить, родить. Я не имею ввиду искусственное оплодотворение, к которому вынуждены прибегать женщины, страдающие бесплодием. Но и здесь нужна любовь, ведь даже «дети из пробирки» даются не каждой паре. Естественный процесс оплодотворения и рождения требует внутренней готовности и огромной божественной энергии. Это Даётся. Большая семья - уникальный шанс для роста духовного. Для накопления и преумножения запасов любви. Для более глубокого познания жизни. Женщина не только сполна реализует свою важнейшую функцию - деторождение, но и помогает другим осознать важность и первоочерёдность этой задачи. Я благодарна судьбе за возможность тесно общаться с многодетными семьями.

Находясь в их присутствии, познаешь важность и значимость того, что делает многодетная мать по отношению ко всем женщинам на земле. Это трудно передать словами, но значимость этого присутствует в каждом её диалоге с детьми, в каждом поступке, в отношении к происходящему, во всём, что окружает. В таких семьях чувствуется любовь. Любовь ко всему.

Авторство в судьбе ребенка

Первую половину жизни нам отравляют родители, вторую - дети! Хорошо, что хотя бы по очереди!

Хотелось бы, чтоб слова эпиграфа к этой главе никак к вам не относились. Но зачастую в жизни именно так и бывает. Мы боремся с родителями, позже наши дети борются с нами, затем со своими детьми. Ошибки в отношениях передаются из поколения в поколение, и называются одним красивым словом – конфликт поколений. Хотя если вдуматься в происходящее, то становится очевидным - никакого конфликта не существует. Он существует в наших головах и рождается исключительно за счет неприятия нового. Бывает ли конфликт у мудрости? Нет. Мудрость легко уживется с юношеским прагматизмом, станет ему надежной опорой и подсказкой. С энергией подростка и мудростью взрослого можно свернуть горы. На практике же всё это выливается в конфликт поколений, с противостоянием друг другу. Каждый отстаивает своё право на существование, да так рьяно, что отравляет жизнь другому. Ребёнок начинает ненавидеть родителей, те в свою очередь, искать ошибки в воспитании и недоумевать «В кого же он такой уродился». Вместо дружественного союза полный раскол. Время уходит, и если родители не становятся мудрее, то следующий шанс наладить отношения появляется только с рождением внуков. Но и его легко упустить. Ребёнок, особенно в подростковом возрасте, начинает ненавидеть родителей очень быстро, причем родители могут об этом даже не подозревать. Несмотря, на кажущуюся взрослость и претенциозность, взрослеющие дети мыслят ещё по-детски. Они пока ещё пребывают в тотальности, поэтому если уж любят, то любят, ненавидят, то ненавидят. Поэтому «шутки» с детьми, ошибки в понимании их сущности очень чреваты. Взрослые могут очень легко лишиться доверия, уважения и любви.

  Мне хотелось бы акцентировать внимание на одной из главных ошибок, которые допускают родители и которая приводит к непониманию и конфликтам. Причем эту ошибку взрослые допускают как в отношении себя, так и в отношении ребёнка. Естественно, если мы считаем, что это верно в отношении нас, мы будем считать, что это верно и в отношении нашего ребёнка. Одна из самых распространённых ошибок взрослых — это посягательство на судьбу ребёнка. Мы считаем себя авторами своей судьбы и с таким же неоспоримым авторитетом претендуем на авторство в судьбе ребёнка. Мы придаем нашему личному участию в судьбе ребёнка такое важное значение, что нам кажется, отпусти контроль, и все пойдет на самотёк.

На самом деле ребёнок и без нашего участия станет тем, кем он должен стать. Это не означает, что мы должны перестать заниматься ребёнком. Заниматься означает помогать, но никак не контролировать. Контролировать – означает не доверять. Я много писала о мнимом авторстве в судьбе в книге «Путь к счастью через несчастье». Не отпустив авторства в своей судьбе невозможно отпустить или ослабить авторство в судьбе своего ребёнка. Хотя именно оно является корнем зла во взаимоотношениях родитель-подросток. Когда ребёнок маленький и беспомощный нам кажется, что его жизнь зависит всецело от нас. Хотя и это большая иллюзия. Но она очень явственная, ведь ребёнок реально не в состоянии сам поесть, сам попить, сам поменять пелёнки. Подробно об этом пойдёт речь в главе «Брошенные дети». Несмотря на всю явственность, убеждение, что без вас ребёнок пропадет иллюзорно. В главе «Брошенные дети» я приведу несколько доказательств этого. Ребёнок получит в любом случае то, что должен получить по судьбе, с вашим участием или без него. У него будет всё, даже когда вас не будет рядом, если ему это всё предназначено судьбой.

И, наоборот, у него не будет ничего, даже если вы вложите в его ладоши полмира, если цель его пребывания на земле иная. Вариантов развития событий может быть превеликое множество, не это важно. Важно, что за ребёнка невозможно прожить его жизнь. Невозможно выбрать за него профессию, вложить в него умные с вашей точки зрения мысли, слепить из него определённого человека. Конечно, есть тенденция повторения детьми родительских сценариев, но происходит это чисто по законам материального мира, которые также легко объяснимы как скорость света или звука. Схожесть эта объясняется игрой, которую ведут родители, а в последствие, и дети. Но на эти игры тоже есть «позволения» свыше. Так один ребёнок повторяет сценарий родителя, а другой нет и даже, разворачивает свою жизнь на 180 градусов от сценария родителей. Психологи, конечно, и этому нашли объяснения. Они утверждают, что например, у родителей алкоголиков будут дети или алкоголиками или заядлыми трезвенниками. Однако все эти теории при пристальном рассмотрении летят с тартарары. У родителей будут такие дети, которым нужны именно такие родители. Дети выбирают себе родителей, притягиваются именно к тем, через которых могут по максимуму взять от жизни всё. Имеется ввиду взять не материальные выгоды, а уроки, необходимые для роста и движения. Материальные блага, легкость, удобство и комфорт нужны лишь нашему ложному «я». Душе же нашей всё это не нужно, ей нужно взять от жизни то, ради чего она пришла. Душе нужно научиться любить, и она будет этому учиться. Лучшими учителями выступают наши ближние, ибо их любить труднее всего. В этом плане дети и родители притягиваются друг к другу, для прохождения каждый своих уроков.

Мы, взрослые, уверены, что являемся творцами и авторами не только своей судьбы, но и судьбы своего ребёнка. Активно в ней участвуя, мы думаем, что помогаем ребёнку, строим, направляем. На самом деле в большинстве своём лишь мешаем и контролируем. Родители, у которых получилось стать ребёнку партнёром, смогли ослабить авторство. Нет ничего глупее, чем стараться что-то слепить из своего ребёнка. Дети намного умнее нас. Они приходят в эту жизнь учить нас, родителей, помогают проживать, изживать с нами свои жизненные уроки. Они наши наставники и учителя, а никак не наоборот. Нам есть чему поучиться у них. Но это вовсе не значит, что мы должны ходить перед ребёнком на задних лапках и ублажать каждое его желание. Есть ситуации, когда необходимо приказать или наказать, равно как и ситуации, когда категорически нельзя этого делать. Как поступить подскажет такт. Но если мы опираемся в своих отношениях с ребёнком исключительно на знания, психологию, то последствия не заставят себя долго ждать. Когда есть знания – нет чувств, и уж тем более нет мудрости и такта. Ибо два последних явления – исходят из наших сердца, а не прочитанных и заимствованных знаний.

Так по жизни получается, что мать энергетически привязывается больше к сыну, отец к дочери. Значит, по жизни, общаясь с детьми, матери больше всего ошибок совершают в отношении сыновей, тогда как отцы в отношении дочерей. Кого больше любим, с тем больше и хлопот. Но это если любим эгоистически. Хотя по другому-то пока не умеем. Любить эгоистически – значит требовать чего-то взамен. Требовать можно послушания, соответствия ожиданиям, хорошего поведения, статуса, благодарности. Любить безусловно большое счастье. И первый шаг на пути к нему – отпустить авторство в судьбе ребёнка. Не мнить себя творцами чужой судьбы. Ведь мы, порой, в своей-то разобраться не в силах.

Есть хорошее упражнение на пути к отпусканию, ослаблению контроля за судьбой ребёнка. Подумайте на минуту, что вы всего лишь кокон или биоматериал. Вы предоставили мудрой природе часть своего материала, выполнили биологическую функцию. А ваш ребёнок, это дряхлый старец, который уже жил много лет до вас, просто ему понадобилось в очередной раз поменять своё дряблое тело. Для этого он выбрал ваш кокон. Он из него вышел, чтобы идти дальше, своей дорогой.

Вы свою роль выполнили. Конечно, вы живете в другом, уже современном мире и не мешало бы обучить этого «старца» элементам поведения в обществе, научить его правильно говорить, держать ложку в правой, а нож в левой руке, но не более. Всё остальное он сделает сам. Он знает, что ему делать, главное не мешать, не сбивать с пути.

Выбор профессии

**Отец: - В твоем возрасте Наполеон был первым в классе!
Сын: - А в твоем, папа, он уже был императором...**

Самый важный и ответственный момент в жизни ребёнка – выбор профессии. Многие дети подходят к этому рубежу уже с точным представлением о том, кем они хотят быть в жизни. И в этом заслуга взрослых. Некоторые даже в 12 классе пока не знают, кем бы они хотели стать. В этом случае ребёнок более не уверен и подвержен стрессу, особенно если большинство подростков уже сделали свой выбор. В этом случае ребёнок готов идти хоть куда, лишь бы не отстать, кем-то стать, состояться как личность. Жизнь его тем более не проста, если постоянно он слышит упрёки от родителей и подвергается критике. Это дезориентирует, заставляет принимать поспешные необдуманные решения. К счастью, в западном обществе родители более демократичны и менее требовательны. Поэтому в семьях ситуация более менее благополучная. Дети могут взять после окончания школы год на отдых, на раздумья, на путешествия. Это помогает в выборе профессии. К тому же дети в школах в обязательном порядке должны продемонстрировать от 60 до 80 часов волонтерской деятельности. У подростков есть шанс реально увидеть себя в той или иной профессии, поработать с менторами, попробовать себя в разных ипостасях, прежде чем принять решение в отношении будущей профессии. Детям предоставляется больше выбора. Очень сложная ситуация складывается в азиатских странах. У детей нет возможности попробовать себя в роли волонтёров, так как это направление там совсем не развито. У них не принято брать после окончания школы год отдыха, это наклеивает на выпускника клеймо лентяя и неудачника и считается позором, равно как и оставаться на второй год в одном классе. Там намного меньше спроса с девушек, так как им уготована в основном роль хранительниц очага, но зато большому прессингу подвергаются юноши. Отцы требуют о сыновей порой невозможного, особенно в бедных семьях. Так как возможность бесплатно поступить в высшее учебное заведение есть только у обладателей высоких балов по результатам государственного тестирования, то в период подготовки к нему, родители так прессуют юношей, что нередки случаи суицидов в период сдачи тестов. Например, в Казахстане два ученика свели счёты с жизнью именно после сдачи теста, один оставил родителям записку: простите, не оправдал ваших ожиданий, провалил тестирование. В бедных семьях, не способных оплатить обучение, хорошо сдать тестирование – единственный шанс попасть в университет. По этой причине, родителями целенаправленно вдалбливается детям, что ничего из них не получится, никуда они не смогут поступить, жизнь будет конченной, если провалите тест. Таковы реалии жизни. Все дети разные, как впрочем, и родители. Один провалит тест и даже не расстроится по этому поводу, тогда как другой из-за этого будет готов свести счёты с жизнью. Всё это должно непременно учитываться в процессе воспитания. Нельзя объять необъятного, нельзя требовать невозможного. Всё будет, как должно быть. Мы не можем прожить жизнь за ребёнка, мы не можем распоряжаться его судьбой. Мы не имеет на это никакого права.

Мы можем помощь ребёнку, но если мы не уверены, помогаем мы ему в этот момент или вредим, то лучше не помогать вообще. Зачастую игнорирование проблемы бывает полезнее вмешательства в неё. Всё разрешится, ребёнок найдёт свой путь, пусть через ошибки, методом тыка, поиска, но он непременно кем-то станет. Важно помочь ему стать счастливым, научить его жизненным приоритетам, выстроить правильное мировоззрение, научить любить жизнь, людей, себя, держать удары судьбы.

А всё остальное придёт, и выбор профессии тоже, если родители позаботились о самом основном – жизненных ценностях ребёнка. Именно это в нужный момент поможет принять правильное решение.

У родителей очень часто срабатывает привычка сравнивать ребёнка с кем-то. Мы очень часто сравниваем детей, даже не подозревая, сколько неприятных моментов им этим самым доставляем, особенно в подростковом возрасте, когда ребёнок ищет себя во взрослой жизни, выбирает профессию. В том, что наш ребёнок не такой, каким бы нам хотелось его видеть не вина ребёнка. Это наша проблема, никак не связанная с ним. Мало ли что нам хочется. Все мы хотим видеть детей в президентах, космонавтах, в ученых и так далее. Иногда мечты сбываются, иногда нет. Но если ваш ребёнок воплотил какую-то вашу мечту и стал тем, кем вы хотели его видеть, это ещё не факт того, что сам он при этом счастлив.

В выборе профессии важную роль играет детство. Именно в детстве легче всего определить навыки ребёнка, которые станут решающими в выборе профессии. Дети, родители которых не уделяли внимания развитию врожденных навыков ребёнка и были менее наблюдательны в этом вопросе, как правило, испытывают трудности с выбором профессии. Дети, родители которых наблюдали за ребёнком, с самого детства направляли и помогали ему развиваться в нужном направлении, определяются с профессией очень рано и не имеют никаких сомнений по этому поводу. Они более уверены, умеют ставить перед собой цель и идти к ней. В этом заслуга родителей.

Очень часто родители, желая сформировать у ребёнка хоть какие-нибудь наклонности, не определив при этом тип малыша, идут по пути давления. К примеру, будущего инженера заставляют играть на пианино. Ему бы с картоном посидеть, с линейкой, а его заставляют отстукивать по клавишам. Ребёнок не может сопротивляться, он делает, что ему говорят, правда иногда капризничает. А родители тут же находят этому объяснения, «просто ленится», «ребёнка нужно заставлять, а иначе ничего из него не выйдет». Если и есть желание будущего физика усадить за аккордеон, а музыканта отправить в секцию по плаванию, что никак не помешает общему развитию, то делать это надо через взаимное сотрудничество. А если по-другому, то выглядеть всё это будет примерно так, как если бы вы попросили друга сыграть вам что-нибудь для души, и при этом вручили б ему ноты и сказали: хочу Моцарта, Осенние сезоны Чайковского, и немного Шопена, а всё остальное меня не волнует. Не сыграешь - лентяй.

Сыграть то он, может быть, и сыграет, но именно для вас последний раз. Точно так же и дети. Если насильно чего-то от них требовать, они будут это делать из-за страха, желания угодить и так далее, но не потому, что им это интересно.

Как определить наклонности и задатки ребёнка? Легче всего это делать в раннем возрасте, когда в деятельность организма ещё не так сильно включается голова. Дети живут преимущественно чувствами, эмоциями, тогда как взрослые больше головой, холодным рассудком. Когда ум включается в деятельность, то он всегда ищет выгоды для личности, не беря в расчет её душевные потребности. К примеру, из деятельности ума может родиться решение пойти учиться в юристы, так как они неплохо зарабатывают, вместо того, чтоб стать художником. «Художник вовсе не профессия, а так себе, хобби. Ты можешь заниматься этим в свободное время, по вечерам, а днём зарабатывать приличные деньги», - говорят продуманные родители. И ребёнок идёт в юристы, всю жизнь выполняя функции, противоположные его душевным устремлениям. Он становится посредственным юристом и если повезёт и будет время, то таким же посредственным художником. Ибо каждый талант нужно развивать. Не развитые, загубленные художественные способности не подарят миру шедевров.

До того, как ребёнок становится таким же продуманным как взрослый, необходимо наблюдать его наклонности. К чему он тянется больше, какой вид деятельности доставляет ему большее удовольствие, в чем он преуспевает?

Всё это очень ярко прослеживается в детстве, но если на это не обращать внимания и не развивать ребёнка в нужном направлении, то с возрастом определить его наклонности будет сложнее.

Если родители не уделяют этому аспекту должного внимания, достигнув подросткового возраста, ребёнок оказывается на большом распутье в выборе профессии. Он не знает куда идти, кем становиться, к чему стремиться. Выход один – искать себя методом тыка.

В древних ведических источниках описан способ, при помощи которого определялись наклонности ребёнка. Он вполне подходит и для наших дней. Он стал известен благодаря расшифровке и многолетнему исследованию ведических материалов. В индуистской культуре существовал целый ритуал, направленный на выявление способностей ребёнка, после проведения которого, ребёнок воспитывался уже с учётом этих способностей и наклонностей. Перед малышом клали несколько вещей: книгу, деньги, молоточек, пистолет. Предметы раскладывались на полу на значительном расстоянии друг от друга, чтоб у ребёнка не было возможности схватить сразу несколько предметов. Ребёнка впускают в комнату и оставляют один на один с предметами. За ним наблюдают. Он обычно ползёт то в одну сторону, то в другую, но довольно быстро определяется с выбором и хватает какой-то из предметов. Он не знает что это за предмет и для чего он нужен. Ребёнок воспринимает вещи чисто эмоционально, он не способен определить, что пистолет это для стрельбы, а молоток для работы в мастерской. Но, тем не менее, он делает свой выбор исходя из переживаемых ощущений, подсознательно, больше интуитивно. Он выбирает, что ему больше нравится, что зрительно притягивает взгляд, что ему приятно. Если этот опыт через время повторить, то ребёнок и во второй и в третий раз выберет то же самое. К примеру, если ребёнок выбрал деньги, то скорее всего в нем дремлет талант будущего финансиста. Здесь следует развивать интерес к экономике, финансам, математике. Если была выбрана книга, то у ребёнка наклонность к теоретическим знаниям. Возможно, из него получится учёный, исследователь. Если ребёнок потянулся к молотку, значит, ему больше нравится физический труд. Он будет с большим удовольствием что-то мастерить, работать руками, то есть получать большее удовольствие от физического труда, нежели интеллектуального. Если ребёнок выбрал пистолет, то ему нравится воевать, отстаивать свои права, лидировать. Возможно, он станет хорошим стратегом, военным, талантливым командиром. После такого тестирования, родители продолжают наблюдать за ребёнком. Например, во время игры к чему ребёнок больше тянется, к конструктору или книгам, предпочитает игру в песке танцам и песням, или желает что-то лепить из пластилина вместо беготни по спортзалу и так далее. Такие наблюдения очень ценны. Они помогают сориентировать ребёнка, направить его развитие в нужное направление, отточить необходимые для каждого навыка черты.

У каждого человека есть талант и способность. Не бывает без талантливых людей. Но бывает очень много людей, которые так и не раскрыли своего таланта, своих способностей. Задача родителей помочь детям в этом. Как гласит мудрость: две руки уже есть, третья расти не будет. Но зачастую родители не уделяют внимание тому, что уже есть. А стараются слепить из ребёнка нечто большее, развить то, в чём нет необходимости, вырастить третью руку. На это уходит много сил, энергии и в итоге получается нулевой результат. Ребёнок вырастает и никогда в жизни не подходит к фортепиано, или не танцует, только потому, что в детстве из него пытались слепить танцора и так далее. Вообще, согласно Ведам, четыре вещи закладываются в судьбу человека ещё задолго до его зачатия. Это продолжительность жизни, таланты (профессия), богатство и время смерти. Так что ребёнок станет тем, кем ему суждено стать. Но легко он придёт к своему пути или нет, уже зависит от родителей.

В чем нельзя ошибиться и промахнуться, так это в развитии общих качеств, которые необходимы и присущи любой профессии. Это честность, щедрость, бескорыстие, умение помогать другим, сочувствовать. Но чтобы их привить, необходимо самим родителям ими овладеть, и овладеть в совершенстве. Очень важно дать ребёнку не блестящее светское образование, а помочь ему, прежде всего, стать Человеком, во вторую очередь, стать человеком счастливым, а уже в третью, высококвалифицированным специалистом. Ведь если человек склонен заниматься бизнесом и родители вовремя уловили в нём эти задатки и сделали всё возможное для получения соответствующего образования, но совсем не позаботились о воспитании в нём честности, порядочности, щедрости, то не исключено, что он станет супер-успешным бизнесменом, сделает карьеру, но при этом несоизмеримо пострадает его душа. Если при такой профессии будут превалировать жадность, тщеславие, эгоизм, то конец карьеры будет печальным. Человек так и не станет счастлив.

Неполная семья

**Самая лучшая мать та, которая может заменить отца, когда его не станет.
И. Гёте**

Согласно статистическим исследованиям США занимает первое место в мире по количеству разводов (4.95 на тысячу человек), второе место держит PuertoRico (4.47 на тысячу человек), третье приходится на Россию. Канада по числу разводов занимает восьмое место. Согласно информации канадского Министерства статистики количество разводов достигло максимальной цифры в 1987 году, в связи с введением нового закона о разводах. В последние годы статистика стала снижаться. Однако, согласно данным этого же источника, около 38% всех браков, заключённых в 2004 года, закончится разводом в 2035. На сегодняшний день примерно 18.6% канадских детей живут в неполных семьях. 14.6% детей живут в семьях, где один из родителей не родной. Гражданские браки набирают силу. В Канаде каждая десятая семья предпочитает гражданский брак официальному. Как следует из исследования, проведённого Ванерским Институтом Семьи (Оттава), большинство детей, переживших развод родителей, испытывают стресс, который зачастую длится десятилетиями. Ребёнок скучает за одним из родителей, отчаянно пытается сделать всё возможное, чтоб его вернуть, стыдиться того, что у него нет папы или мамы. В будущем у ребёнка развивается ряд психологических проблем.

Количество разводов ясно указывает, сколько детей воспитывается в неполных семьях. Пока преобладают материнские семьи, хотя в последнее время всё больше появляется семей, в которых детей воспитывают отцы. Неполная семья, безусловно, отражается на эмоциональном состоянии ребёнка. И хотя причины образования неполной семьи всегда различны и индивидуальны, это может быть вдовство, или развод, или рождение вне брака, трудности, с которым сталкивается родитель, как правило, одни и те же. Хотя, опять же, как показывает статистика, в семьях, где ребёнок воспитывается один, в результате ухода из жизни одного из супругов, ситуация с его воспитанием складывается более благоприятная, нежели в неполных семьях, ставшими таковыми в результате развода или при рождении ребёнка без отца. Это отчасти объясняется тем, что горе объединяет родственников, ребёнок не чувствует недостатка в общении с дедушками, бабушками и так далее. В семье нет злобы, обиды, а есть сочувствие и сопереживание. Наиболее благоприятная ситуация также складывается в неполных семьях, в которых воспитываются двое детей. В этом случае старший, больше интуитивно, берёт на себя заботу о младшем. Младший чувствует покровительство, защиту. Дети помогают друг другу, намного меньше конкурируют друг с другом. Они не чувствуют недостатка в общении, одиночества, неполноценности. Сложнее складываются отношения в неполных семьях с одним ребёнком. Матеря, обычно, чувствуют жалость к ребёнку, им хочется дать им всё и даже больше. Они стараются компенсировать недостаток отцовского внимания разными материальными вещами. Такие дети, несмотря на трудность в денежных вопросах, как правило, лучше всех одеты, у них много игрушек, у них дорогие телефоны. Матери часто отказывают себе во многом, и даже необходимом, чтоб дать всё сполна ребёнку. Большинство детей, воспитывающихся в таких семьях, вырастают большими эгоистами. А эгоизм, прямой путь к страданиям во взрослой жизни. Большая опасность воспитать эгоистичного ребёнка у родителя, воспитывающего ребёнка того же пола. Причем, в таких семьях мать не способна увидеть и признать, что ребёнок растёт эгоистичным. Любой намёк на это воспринимается мамой очень болезненно.

Она отрицает очевидное, и до конца защищает свою систему воспитания, так как по другому своих отношений с ребёнком просто не мыслит.

Однажды мне довелось консультировать одну семью, в которой мама одна воспитывала дочь. Девочка росла очень требовательной и разбалованной. Примерно в 12 лет у ребёнка начались кровотечения из носа и обмороки, что случается очень часто с детьми, привыкшими к чрезмерному вниманию со стороны родителей. Щепетильные канадские врачи полностью обследовали ребёнка в больнице, однако никаких причин для обмороков и кровотечений не обнаружили. Все анализы были в полной форме. Мама недоумевала. Объяснение, что обмороки случаются, потому что ребёнок не принимает происходящее, мама отмела сразу. Как показывают мои наблюдения, когда желание чтоб всё было только по-моему глубоко входит в подсознание, обнаружить его в голове у ребёнка сложно. Он может не капризничать, внешне выполнять какие-то поручения и даже подчиняться, но внутри будет беспокойство и протест. Ребёнок не падает в обморок специально, от того, что ему что-то не нравиться. Это делает за него тело. Оно просто отключается, так как неспособно и не желает принимать вещи как они есть. Телу проще вырубиться на пару минут. Эгоизм настолько велик, что не даёт искать решений, выходов. Или так или никак. Это не значит, что получив раздражение извне, ребёнок тут же падает в обморок. Процесс может быть растянут во времени. Ведь мысль что всё должно быть только по-моему не за один день формировалась в подсознании, на это требуются годы неверного воспитания. Так и телу требуется время, чтоб переварить раздражение извне и отреагировать обмороком. Поэтому проследить эту связь довольно сложно, но она присутствует. Стоит матери немного поменять тактику во взаимоотношениях с ребёнком, обмороки прекращаются.

Ещё одна проблема воспитания дочек матерями-одиночками кроется в неверном формировании у ребёнка отношения к мужскому полу. К примеру, матери рискуют воспитать эгоистичную девушку, с неверным, искажённым отношением к противоположному полу, которой трудно представить, что мужчина может быть желанным. По этой причине нередко дочери повторяют судьбу матерей. Они испытывают сложности в построении отношений с мужчиной, а следовательно и в построении семьи. У пап есть риск вырастить сына-эгоиста, подсознательно нелюбящего женщин.

У родителей противоположного пола есть другая крайность. Например, мамы, в страхе потерять контроль над сыновьями, зачастую проявляют необоснованную строгость к ним в подростковом возрасте. Они бояться, как бы сын не попал в дурную компанию, как бы не стал курить и так далее. Ведь в этом случае не будет твердой отцовской руки, мужского плеча. Хотя как показывает практика, если ребёнок в результате уже сложившегося мировоззрения притягивается к дурной компании, то уже никакая мужская рука не способна его оттуда вытащить. Здесь нужны другие подходы и приёмы, никак несвязанные с применением силы или жесткости. Мамы, проявляя необоснованную строгость в отношении сыновей, часто не учитывают восприятие ребёнка. Заменить отца невозможно. Дети по-разному понимают и реагируют на замечания матери и отца. Если замечания отца это просто замечания, то вот критика матери воспринимается мальчиками как «меня не любят», что несёт глубокие негативные последствия, особенно в подростковом возрасте. То есть или ребёнок начнёт протестовать ещё больше, буквально против всего, что говорит мать, или, при волевой, жесткой, сильной матери, превратиться в инфантильного маменькогосынка, причём будет продолжать играть эту же роль и во взрослой жизни. На улице иногда можно видеть такой тандем – старенькая мама, с палочкой в одной руке и под ручку с сыном в другой. Они всегда вместе, как правило, и живут вместе до самой смерти. Сын, если и женится, то быстро разводится, так как неспособен воспринимать спутницу полноценно. В результате неверного воспитания, у него сформировалось некое «своё» отношение к женскому полу, некий прототип, который он несёт всю жизнь.

Когда отцы воспитывают одни дочерей, то здесь трудности хоть и есть, но их не так много, в основном, из-за мужского, более разумного подхода к решению проблем. Мужчина по своей структуре более духовен, женщина - существо материальное. Так сложилось испокон веков. Вдвоём они образуют безупречный тандем. При правильном сливании, когда женщина находит своего мужчину, а мужчина свою женщину, духовность сливается с материальностью, превращаясь внескончаемый поток энергии. Но по отдельности, у женщин, как правило, прёт материализм, прикрытый духовностью, тогда как у мужчин духовность, прикрытая багровым материализмом. Мужская духовность не проявляется столь ярко, как женская материальность, но, тем не менее, её значение огромно.

Мне всегда были непонятны сетования женщин на мужей, по поводу отсутствия должного мужского воспитания в семье. Один тот факт, что отец есть в доме каждый день, пусть даже он каждый вечер тупо лежит с газетой на диване, уже несёт в себе тот необходимый элемент отцовского воспитания, недооценивать который типичная грубая ошибка материальных женщин, которым всегда всего мало, им нужно как можно больше и всего сразу. Поэтому когда отец один воспитывает ребёнка, то проблем, как это ни парадоксально, в воспитании возникает меньше, чем когда это делает одна мать. Возможно, с отцом детям недостаёт ласки и нежности, но всегда в меру рассудительности, терпения и благородства. Отцы не стараются играть роль матерей, тогда как матери очень часто стараются играть роль отцов. Они стараются стать для ребёнка и отцом и матерью одновременно. Даже если женщина решает выйти замуж, то она в первую очередь, будет искать не спутника жизни, а отца своему ребёнку, что ещё одно заблуждение. Ведь только полюбив женщину, мужчина сможет полюбить и принять её ребёнка, а никак не наоборот. Поэтому правильнее было бы ориентироваться на свою любовь к мужчине и его ответные чувства, а не на то, как он относится к ребёнку. Даже родные отцы, зачастую признаются, что бывая в отъездах, больше скучают за своими жёнами, чем за детьми. Почему так происходит? Потому что по жизни мужчина энергетически «сидит» на энергии женщины, она для него двигатель, тогда как женщина энергетически связана с детьми. Мы можем много спорить на эту тему, но факт остаётся фактом - какие бы «сказки» о своей самодостаточности и удовлетворённости не рассказывали бездетные женщины, они в любом случае не реализованы и энергетически обесточены. Тоже касается и мужчин, как бы великолепно они не существовали, ведя холостятскую жизнь, на глубинном уровне мужчина всегда будет искать женщину.

По поводу воспитания в неполных семьях Б. Спок сказал: «Задача матери состоит не в том, чтобы пытаться заменить отца, а в том, чтоб создать атмосферу, в которой ребенок мог бы создать себе образ отца в собственном воображении». Дети мыслят образами, как впрочем, и взрослые. Если ребёнок никогда не видел в глаза отца и более того, никогда о нём не слышал, даже в этом случае у него в голове будет некий его образ, сформированный из кусочков представлений о разных людях. Этот образ он пронесёт через всё детство. Если мать навязала ребёнку какой-то негативный образ отца, то ребёнок пронесёт его. Поэтому очень важно дать ребёнку возможность иметь отца, хотя бы в воображении. Мудрые мамы не создают специально положительного или отрицательного образа отца, они просто предоставляют возможность видеться ребёнку с отцом так часто, как это только возможно. Неважно, какие отношения у взрослых, они не должны влиять на общения детей с отцом. Ситуация осложняется, если отца нет вообще. В этом случае ребёнок опять же имеет полное право на его образ, пусть даже в своём воображении. Мать может помочь ребёнку создать этот образ. Не нужно негатива, ведь весь негатив об отце – это ваше собственное о нем представление. У ребёнка оно совсем другое. Не вешайте ярлыков, не навязывайте ему свой образ отца, каким бы правильным и верным он не был. Ведь всё это лишь ваша субъективная оценка действительности. Дайте ребёнку право создать свой образ отца. Дайте ему право на воспоминания о нём.

Родителю, самостоятельно воспитывающему ребёнка, не нужно быть жертвой обстоятельств, неким страдальцем, на долю которого выпало воспитывать ребёнка одному или одной. Погружаясь в эмоциональные переживания, родитель невольно отделяется от ребёнка, которому и без того не просто видеть озлобленность и страдания родителя. Ребёнок начинает проецировать ситуацию на себя, винить себя в бедах мамы или папы. Конечно, связывает и ещё ближе сближает людей не только любовь, но и страдания, но в данном случае погружаться в свои страдания, причиняя ребёнку ещё больше боли не стоит. Время пройдёт, но образ отца или матери, заложенный в ребёнка в период страданий, развода и боли, останется. Поэтому в определённых моментах искренность в проявлении эмоций стоит дозировать и фильтровать.

Оптимальным подходом в воспитании для неполной семьи будет вовлечение в этот процесс родственников. К сожалению, очень редко, женщины, расставшиеся с мужьями, поддерживают добрые дружеские отношения с родственниками мужа. Для этого надо иметь достаточно мудрости и любви. Если удалось сохранить тёплые отношения с родственниками, то общение с ними способно отчасти скомпенсировать отсутствие в семье одного из родителей. Если не удалось, то матери или отцу предстоит огромная работа по осваиванию ребёнком навыков поведения, соответствующие его полу.

Брошенные дети

Мы так легко и беззаботно рождаем детей,
но так мало мы заботимся о создании человека!
Горький.

Мне довелось несколько лет работать в детском приюте, с брошенными детьми. Поэтому я не могла не написать главу о детях, воспитывающихся чужими людьми, в казённых учреждениях. Мне показалось правильным включить эту главу в книгу ещё и по той причине, что мой опыт работы с сиротами, возможно, поможет родителям пересмотреть своё отношение к воспитанию собственных детей.

Дети в приютах – особая тема. Это совсем другие дети, сильно отличающиеся от детей домашних. Брошенные дети отличаются по менталитету. Это умные, открытые, развитые дети, но глубоко несчастные. С возрастом, их обида закрадывается всё глубже, она уже не бросается в глаза, однако приобретает форму потребительства. Если ребёнок всю жизнь вырос в приюте, то став взрослым, он непременно будет предъявлять счёты миру. Детдомовским детям все всё должны, всегда. Они привыкли себя жалеть, и будут жалеть всю жизнь, скрыто или явно. Вырастая, они способны адаптироваться в социуме, сделать карьеру, стать вполне успешными, однако комплекс ненужности будет преследовать их всю жизнь. Во взрослой жизни, такие люди становятся обычно чрезмерно шустрыми, пробивными, порой наглыми. Потому что каждый им должен. Но это маска, за которой прячется комплекс ненужности.

Если дети из детдома до 10-13 лет находят семью, их характер меняется, становится более мягким. Ребёнок легко адаптируется в новой семье, если этого хотят родители. За годы работы в детском доме при мне было всего два случая возврата усыновлённых детей назад в детдом по причине неудавшихся отношений. Родители пожаловались на замкнутость ребёнка. Но соцработник-то знает, что это они, родители, не захотели налаживать этих отношений, именно они оказались не готовы к ребёнку. Ребёнок же готов всегда. Он приспособится к любым условиям, ведь стремление получать любовь, ласку, заботу заложено природой. Два случая возврата детей были в местных семьях. Хорошо, что вернули. Для ребёнка это двойное предательство, но лучше пережить его в детстве, чем страдать с такими родителями всю жизнь. Ни один иностранный усыновитель ребёнка не возвратил. И не потому что далеко ехать, а потому что иностранные усыновители обычно более готовы к усыновлению, чем местные. Это объясняется как длительностью процедуры международного усыновления, так и невозможностью стать родителями в своей стране. Желание усыновить у иностранцев более выстраданное, «выстоянное», более мотивированное. Для них это порой единственный шанс. Они тратят годы на сбор документов, стоят годами в очередях на усыновление, они хотят ребёнка. Местные семьи зачастую подходят к этому процессу более легко, и менее ответственно. Для них открыты все двери, поэтому есть спешка в принятии решения.

С какой надеждой дети готовятся к встрече усыновителей! При усыновлении годовалых детей процедура менее эмоциональна. Родители знакомятся с медициной ребёнка, берут его на руки и сразу влюбляются (или не влюбляются и просят принести другого). Сложнее всё с детьми постарше. Они уже понимают, что пришли будущие мама и папа, что пришли за кем-то одним. Они стараются изо всех сил понравиться. Девочки надевают лучшее платье, завязывают банты, мальчики наряжаются в лучшие костюмы. Детям не говорят, что пришли их выбирать. Им говорят, что в детском доме сегодня гости. Но дети всё понимают. Понимают, что возьмут только одного, и этот один отправится в семью. Дети наперебой рассказывают стишки, поют песни, демонстрируют умение считать и писать. Есть и застенчивые, которые стоят в сторонке. Они тоже хотят понравиться, только не знают как. Для родителей это всегда эмоционально тяжело – отдать предпочтение кому-то одному.

Были случаи, когда усыновители, особенно американцы, после подбора, слали запросы в посольство на разрешение ввести в страну сразу двух усыновлённых детей, хотя предварительно хлопотали об одном.

Сотни брошенных детей нашли свои семьи в США, Испании, Бельгии, Франции, Великобритания. С усыновителями из этих стран я непосредственно работала на протяжении семи лет. Дети уже выросли, стали родными в новой стране и семье. Мой е-майл ежегодно забивается фотографиями счастливых семей. До сих пор родители шлют отчёты о детях, их успехах, новых достижениях. Они подарили счастье и себе, и ребёнку. Конечно, есть и трагические случаи, произошедшие с усыновленными детьми в США. Есть случаи издевательств и убийств. Но это не связано с местом проживания ребёнка. Такое происходит и в семьях с родными детьми. К счастью, все мои клиенты, как родители, состоялись. Все усыновители, с которыми я работала, стали замечательными, любящими, заботливыми мамами и папами. И выросшие счастливые дети этому подтверждение.

Родительская любовь порой не знает границ. Все это знают и понимают. Однако мы обычно недооцениваем любовь детскую. Только работая в детском доме, я поняла насколько глубокой, безусловной может быть любовь ребёнка к матери.

Случай из жизни. Мама восьмилетнего мальчика страдала алкоголизмом и вела распутный образ жизни. В маленькой квартире всё-время было много разных мужчин. Мать выгоняла ребёнка на улицу в мороз, чтоб не мешал. Заставляла попрошайничать. Мальчишка, что удавалось собрать на улице, приносил домой. Мать угощала этим собутыльников. Если ничего не приносил, била. Социальный работник, узнав о случившемся, определил ребёнка в детский дом, мать лишили родительских прав. Мальчик стал жить в тепле, в хороших условиях, появились друзья. Наш детский дом был одним из лучших в стране. Однако при каждом удобном случае ребёнок сбегал. В мороз по трассе шёл несколько километров до дома. Потом объяснял, что не может без мамки, переживает за неё, ведь она там без него совсем пропадёт, кто же ей покушать принесёт. И таких случаев сотни. Какой бы плохой ни была мать, она для ребёнка всё равно будет самой лучшей. Она его бросила, о нём даже не помнит, а он её будет любить, всю жизнь ждать, а став взрослым, искать. Часто матери подбрасывали детей прямо под дверь приюта, не удосужившись войти внутрь и написать отказное заявление. В случае наличия такого заявления у ребёнка есть шанс быть усыновлённым, в случае отсутствия ребёнок оформляется подкидышем. А это значит, что в приюте он будет находиться долго. По закону матери даётся 6 месяцев, чтоб одуматься, вернуться за малышом. По истечении этого срока полиция вместе с соцработником начинает мать искать. Если поиски не увенчались успехом, на ребёнка оформляют документы, дают новое имя (чаще это имя нянечки, нашедшей ребёнка) и приблизительную дату рождения. Везёт тем детям, чьи мамы удосужились вложить в одеяло свидетельство о рождении. Бывали случаи, когда при нахождении матери и просьбе написать отказ, то есть дать ребёнку шанс поскорее уйти в семью, та даже не могла сообразить, о чём вообще речь и вспомнить дату, когда его родила.

Один из факторов, способствующих пополнению детских домов в мусульманских странах

– стыд. Там не принято рожать без мужа. Молодые, неопытные девушки, приезжая в крупный город на учёбу, часто становятся жертвами искушённых ловеласов. Девушка, в силу отсутствия сексуального воспитания, зачастую с опозданием осознаёт, что беременна. Признаться в этом родителям не может. Ведь это означает навлечь позор на семью. Выход один - родить и бросить. Благо учебный год длится год и по возвращению в село, никто ничего не узнает. Основной процент детей в Казахстане оставляются в приютах молодыми девушками. Они никогда за ними не вернутся. Они выйдут замуж, начнут новую жизнь. Муж никогда не узнает, что у жены есть ребёнок. Конечно, бывает, что мать раскаивается и забирает дитя. Часто такое происходит, именно в тот момент, когда ребёнок оформляется на усыновление. Родная мать как будто чувствует, что это её последний шанс увидеть малыша. В таких случаях усыновители отходят на задний план. Для них это, конечно, стресс, привязались к ребёнку, уже считали своим, и вдруг объявилась родная мать. Но у неё все права. Приди она позже, когда решение суда уже вступило в законную силу, все права были бы у усыновителей. В таких случаях их защищает закон о тайне усыновления. А вот до суда мать - полноправный распорядитель судьбы ребёнка, даже если воспитывает его государство.

Следующую группу составляют городские женщины, ведущие распутный образ жизни. Они рожают и оставляют, через год снова рожают, уже от другого, и снова оставляют. И самую малозначительную группу составляют дети, чьи родители или больны, или умерли.

К чему я всё это пишу? А всё к той же теме личного авторства в судьбе ребёнка. Родители слишком претендуют на роль правителей в судьбе своих детей. На самом деле то, что ребёнку уготовано судьбой он получит в любом случае. Даже если его бросит мать, в мороз, умирать беззащитного и беспомощного – ребёнок не умрёт, если ему суждено жить. Если ему суждено по судьбе иметь всё самое лучшее - он будет это иметь, непременно. Его могут подобрать самые лучшие родители на свете, его могут одарить всеми благами мира. Но может быть и наоборот. Можно неуемно бдеть ребёнка, опекать, но в нужный момент не доглядеть.

Нам кажется, что маленький ребёнок очень беззащитен и без нас пропадёт. Но пока ребёнок маленький и не может сам о себе позаботиться, он находится под большей защитой Бога, чем любой из взрослых. У нас есть свобода выбора, у детей их нет. Поэтому невидимой защиты у них больше, чем у нас. Например, факт, которым недавно пестрили все мировые СМИ: оставленный в своё время в одном из казахстанских детских домов ребёнок, никому не нужный и всеми забытый, в прошлом году стал наследником много миллиардной фармацевтической компании в США. Правда, у ребёнка скоропостижно скончалась и приёмная мать из США. Если кому-то по судьбе суждено расти без родителей, он будет без них расти. Если у ребёнка по судьбе расти в семье, он её обретёт, даже если первые годы жил в приюте. От нас мало что зависит. Родители лишь коконы. Их задача дать жизнь и научить элементарным правилам поведения в обществе, которые помогут ребёнку выжить. Но если они берут на себя больше, чем нужно, то будут проблемы не только во взаимоотношениях с детьми, но и в их судьбе. Я всегда призываю родителей ослабить контроль, поверить в ребёнка, в его силы, способности. Всё что нужно обязательно придёт, прорвётся, главное не мешать.

Слепая любовь

У слепой любви — глухой поводырь.
Zulnora

Понятное дело, что мы все любим своих детей. Мы хотим им только лучшего. Мы корректируем их поведение только с самыми благими намерениями. Мы хотим, чтоб ребёнок вырос «правильным», состоялся как личность, получил хорошую профессию, нормально зарабатывал. Это мечта любого родителя. По большому счёту, преследуя все эти желания, мы хотим одного, чтоб ребёнок был счастлив. Хотя кто сказал, что без образования, карьеры, хорошей работы ребёнок будет несчастным? Кто это выдумал? Наоборот, ставя перед ребёнком такие цели и программируя его на успех, ребёнок будет в итоге очень несчастным, если судьба преподнесёт ему совсем другой сюрприз. А судьба может преподнести что угодно. В жизни случается всякое. Задача родителя сделать, научить ребёнка быть счастливым независимо от внешних обстоятельств, независимо от того, как складывается его жизнь, по какому сценарию она идет. Задача родителей научить ребёнка любить жизнь во всех её проявлениях. Если не получается, лучше не учить ни чему, иначе если дёргать морковку в разные стороны, очень быстро из стройной она превратится в кривую и не на что негодную. Родители очень часто дергают растущую «морковь» в разные стороны, отец в одну, мать в другую. Морковка и сама не дура, она знает, что ей надо. Ей надо тянуться к свету, к солнцу. Но ей мешают. В итоге вырастает кривушка, а родители потом задаются вопросом: «И в кого это она такая уродилась?»

В своё время мы такую же непростительную родительскую «любовь» и опеку допустили в отношении старшего сына. К счастью, вовремя одумались, плод не успел скривиться. Теперь мы его только «подпушиваем». Осознание ошибки пришло неожиданное. К 15 годам я заметила, что сын стал как то не по годам грустить. Нет энергии и счастья, хотя впереди вся жизнь, как раз возраст для беззаботной, припевающей жизни. Но нет, в голове кружились какие-то угрюмые мысли. В процессе разговоров выяснилось, что ребёнок переживает о том, кем он станет в жизни. Сможет ли стать успешным. Сможет ли получить профессию, найти работу. Стал задавать вопросы: а что если никуда не поступит, сможет ли он работать в компании отца? Это как же надо было насадить ненужной идеологии в голову ребёнка, что в 15 лет превратить его в думающее, опасающееся будущего, страдающее существо? А ведь это мы сами таким его сделали. Мы постоянно его «нажжуживали», направляли в «верное» русло, корректировали. В итоге уже в 15 лет ребёнок не чувствовал легкости в жизни. Слишком много разных «надо» он выстроил в своей головушке. И виною всему наше желание что-то из него слепить, виною наши страхи воспитать не правильно. Ведь человек может не реагировать на критику кого угодно, хоть всего света, но он не в состоянии не реагировать на критику родителей. Мы это упускаем из виду и доставляем ребёнку много болезненных моментов, прикрываясь красивым словом «воспитания».

К счастью, вовремя пришло понимание, и началась работа над ошибками. Прежде всего, своими.

Наша задача научить ребёнка быть счастливым. Но, к сожалению, она невыполнима, до той поры пока этому не научатся сами родители. Невозможно дать ребёнку то, чего у тебя нет. Никакие богатства мира, никакой успех не заменят состояние удовлетворённости собой, покоя, умиления. Кайфовать от жизни имея минимум или не имея и его – искусство. И только овладев им, можно передать это ребёнку. Всё остальное – это лишь блуждания по жизни в поисках материального или чувственного наслаждения. А они мимолётны, теряя их, человек снова несчастен.

Один из факторов, мешающий нам быть счастливыми и сделать таковыми детей слепая родительская любовь. Она в основном эгоистична. Эгоистична настолько, что многие, например, любят своих детей, но при этом способны ненавидеть чужих. Разве такое возможно? Общение с разными родителями показало, что да. Они любят только своих, потому что это их часть, то есть любят себя в них.

Хотя если копнуть глубже, то и себя-то такие родители по-настоящему не любят, они лишь клянчат любовь у детей, живя в режиме бартера, сейчас я тебе внимания, а на старость лет ты мне. Конечно, многие не осознают этого.

Слепая родительская любовь мешает ребёнку проживать в детстве те моменты, с которыми он непременно столкнётся во взрослой жизни. В итоге к взрослой жизни человек оказывается неподготовленным. Чрезмерно опекая детей, мы лишаем их возможности развиваться свободно, экспериментировать, пробовать этот мир на прочность. Мы нарушаем их безупречное свободное развитие, которое предусмотрено природой. Это приводит к зажатию чувств, скоплению блоков, детских травм, комплексов. И как результат, во взрослой жизни человек имеет целый букет психологических проблем. И мало кому придёт в голову, что все это из-за слепой родительской любви.

Особа опасна любовь матерей. Мать имеет большее влияние на судьбу ребёнка, чем отец. Это объясняется более тесной связью матери и ребёнка. Поэтому ответственность матери за дозированность в проявлении любви велика. Я преднамеренно использую слово дозированность, которое, казалось бы, совсем неуместно в отношении любви. Ведь любовь не требует ограничений и взвешенности, её никогда не бывает много. Но это настоящей любви не бывает много, безусловной, которая всегда мудра, рядом с которой всегда шагает рассудительность. Мы же говорим о любви слепой, эгоистической, неосознанной, присущей большинству матерей. Например, если любовь матери к сыну слепа и безрассудна, то это может отразиться и на его судьбе. Ему будет сложно выбрать спутницу жизни, выйти из-под влияния мамы. То же самое случается и с дочками. Особенно в сложной ситуации оказываются девочки, воспитывающиеся одинокими матерями. Дочь – единственное, что есть у матери, поэтому ребёнку достаётся «любви» по полной программе.

Слепая родительская любовь мешает ребёнку изучать мир самостоятельно. Когда при изучении ребёнком физического мира, мы оберегаем его от кипятка, огня, высоты, то делаем это инстинктивно, перенося свой инстинкт сохранения жизни на ребёнка. Но что мы делаем, когда стараемся уберечь ребёнка от проявления чувств? Мы уродуем его, и всё из-за любви. В детстве ребёнок проживает все те ситуации, с которыми столкнётся позже во взрослой жизни. Он проживает их по-детски. У него может быть печаль, скука, зависть, гнев, страх. Но родители зачастую не дают детям проживать всё это сполна, не дают возможности находиться в этом тотально.

«Завидовать нехорошо». «Плакать мальчики не должны». «Бояться нельзя». «Кричать нехорошо». Своими что «правильно» и что «неправильно», мы не даём ребёнку погрузиться в мир чувств, изжить всё это в детстве. Вырастая, он будет стесняться демонстрировать своё естество. Такой человек будет полностью во власти расчётливого ума, который тут же возьмёт ситуацию в свои руки. Подавляемая в детстве скука, может легко перерасти в хроническую печаль, гнев в злость, зависть – в стяжательство, ревность и жадность. Вместе с ребёнком нужно проходить в детстве все эти ситуации. Проходить – это значит признавать право на их существование, видеть их, дружить с ними, а не пытаться скуку ребёнка тут же вытравить новым развлечением. При проявлении чувств, которые мы считаем негативными, заботливые родители тут же подхватывают инициативу в свои руки, не давая ребёнку шанса на собственные шаги. Ребёнку скучно, не с чем играться, завтра обязательно съездим в магазин, купим новую игрушку. Или ребёнок злится: «А ну-ка тихо, нельзя так громко кричать, соседей напугаешь». В проявлении гнева, важно объяснить ребёнку, что его реакция вполне нормальна, это реакция на то, что ему не нравится. Главное, в момент её проявления, не обидеть её других людей. Это его реакция, она рождается в нём и никак не связана с кем-то извне, хоть и кажется, что виною всему окружающие. Взрослея, у ребёнка формируется здоровое отношение к гневу, причем, как к своему, так и к чужому. Такие люди, как, правило, легко избавляются от гнева, потому что они его изжили в детстве.

Слепая родительская любовь и опека не даёт возможности ребёнку тотально пребывать в своих чувствах. Одно время у нас младший сын стал жаловаться на скуку. «Мама, мне скучно, мне нечего делать». Возможно, это говорят мамам все дети. Говоря это, они требуют или внимания к себе, или, развлечения.

В таких случаях, я откладывала все дела, мы садились с сыном в укромное местечко и наблюдали скуку. Скучали вместе. Сработало безотказно. Через время скуки не стало, как рукой сняло. Сейчас, повзрослев, на мой вопрос бывает ли тебе иногда скучно дома, сын отвечает: «Дома разве может быть скучно? Уж где, где, а дома всегда есть чем заняться, особенно когда нет уроков». Я рада, что он больше не скучающий рыцарь. Детям, которым позволяют скучать в детстве, обычно редко скучают во взрослой жизни, а если и скучают, то довольно быстро выходят из этой ситуации.

По сравнению со старшим сыном, с которым мы носились, как и все носятся с первенцем, одаривая избытком родительской любви, младший растёт более открытым, общительным, весёлым, а следовательно и более счастливым. Потому что в отношении него мы уже не совершали таких ошибок, какие совершали, воспитывая старшего сына. По молодости и неопытности, старшему доставалось максимум нашей опеки и внимания. И как результат, он проявляет меньше самостоятельности во взрослой жизни.

Так что к проявлению родительской любви и заботы следует относиться с осторожностью. Наша забота о детях способна обернуться медвежьей услугой.

Часто родители говорят, что воспитывать чужих детей легче, чем своих. Обычно с чужими детьми проблем не бывает, они вырастают большими умницами, тогда как свои собственные дают не те плоды, которые ждут родители. Хотя растут дети вместе, в одной и той же семье. Это происходит потому, что в отношении чужих детей нет слепой любви.

Опекуны их, конечно, любят, но больший упор делают на удовлетворение основных потребностей ребёнка. Тогда как в отношении собственных детей идёт перебор: потребности смешиваются с желаниями, прихотями, чувствами. Родительская любовь бьёт ключом, лучших намерений через край и при этом заслоняется здравый смысл.

Воспитание без пола

Что приходит как нечто новое,
не может быть истинным.
Истинно то, что присутствует всегда.
Махарши

Ещё одна забавная тема, касающаяся воспитания, это половое различие. Я не буду подробно останавливаться на ней, так как достаточного опыта в этом вопросе нет. Я воспитывала мальчиков, и представления не имею насколько сложно воспитание девочек. Но мне хотелось бы акцентировать вопрос на так называемом «без половом» воспитании детей, которое постепенно входит в моду на западе. К счастью, опыта в этом вопросе у меня тоже нет, ибо так жёстко экспериментировать на детях не стала бы ни при каких обстоятельствах. Думаю, люди востока, Кавказа, с раннего детства внушающие девочкам, что они будущие матери, а мальчикам, что они главные добытчики, никогда не поймут и не переймут в этом вопросе идей запада. Только свобода и вольнодумие запада способны сподвигнуть людей на подобные эксперименты.

Не так давно западная общественность буквально взорвалась. Все принялись буйно обсуждать решение канадской семьи воспитывать своего ребёнка, храня в секрете его пол. Одна, вполне благополучная семья, с момента рождения у них ребёнка, кстати, уже третьего, вдруг объявила, что они намерены держать в секрете пол ребёнка. Отец и мать обосновали этот тем, что не хотят, чтоб их ребёнок испытывал какие-либо ограничения, связанные с полом. Они хотят, чтоб их ребёнок рос свободным от всех форм, догм, навязанных обществом в отношении мальчиков и девочек. Они хотят, чтоб ребёнок играл с теми игрушками, которые ему нравятся, носил ту одежду, в которой ему комфортно. Даже бабушка и дедушка младенца не были осведомлены в отношении пола родившегося у них то ли внука, то ли внучки. Двум другим детям, мальчикам пяти и двух лет, также было наказано держать в секрете пол родившегося младенца. Родители пожелали, что ребёнок развивался в соответствии со своим внутренним состоянием и, повзрослев, сам себя идентифицировал. Двух своих старших детей родители тоже пытались расти вне гендерных стереотипов. Оба мальчика носят длинные волосы, завязанные в хвост.

Эта история бурно обсуждалась в СМИ. Население Северной Америки разделилось на две непропорциональные группы. Лишь малая часть (11%) выступала за вне гендерное воспитание. 89% населения нашли эту идею ужасной. На семью посыпалась критика. Но родители остались верны своей позиции. Мама ребёнка прокомментировала ситуацию следующим образом: «Идея, что весь мир должен знать пол моего ребёнка просто меня убивает. Это нездорово и извращённо».

Несколько лет назад до этой истории одна канадская пара уже начала подобный эксперимент над своими детьми. Они ввели вне гендерное ещё в 1992 году, после рождения у них первого ребёнка, девочки. Вторая девочка, родилась тремя годами позже. Обе воспитывались без учёта половой принадлежности. Какговорит сейчас отец девочек, «дети чувствуют себя прекрасно. На них никак не повлияло данное решение. Они прекрасно адаптированы в обществе». Однако данное решение сильно повлияло на самих родителей, на их отношения с обществом. Всю жизнь они сносили косые взгляды.

Совсем недавно ещё одна американская пара последовала идеи воспитывать детей без учёта половых признаков. Так что ряды креативных родителей пополняются всё новыми экспериментаторами. Но за детей, подвергающихся подобного рода экспериментам, можно не переживать. К счастью, мудрая природа всё предусмотрела, даже такие случаи, когда детей будут воспитывать вне пола. Природа сильна и мудра, она всё - равно возьмёт всё сполна. Девочка в любом случае превратится в девушку, а потом в женщину, мальчик в юношу и мужчину.

Конечно, существует опасность некой дестабилизации в поведении таких детей в обществе. Но учитывая, что у детей сильно подражание, то мальчик или девочка, воспитывающиеся вне учёта половых признаков, очень скоро будут вести себя в обществе, как того требует их природа. Поэтому над такими родителями можно лишь посмеяться. Пробуйте, пытайтесь, может и удастся обхитрить природу. Если же задача подобных опытов изменить общество, заставить ко всем относиться одинаково, независимо от пола, то тогда это вопрос другой. Но в этом случае я бы своих детей на алтарь идеи не поставила, пусть даже самой благородной в мире, ибо любая идея это лишь наша проекция на жизнь, и ничего более.

В психологии гендер определяется как "решающий фактор, в понимании детьми самих себя и своей роли в социальной среде". Он определяет поведение человека в обществе, определяет отношение с другими людьми: друзьями, коллегами, одноклассниками, родителями, случайными прохожими и так далее. Воспитывать девочку как будущую мать, покупать ей красивую одежду, куклы, детскую посуду, – значит проецировать, очерчивать её будущее предназначение. Играя в куклы, девочка проигрывает свою будущую роль матери, готовит себя к самому главному в жизни – родам и заботе о ребёнке. Красивые платья, умение любоваться собой в зеркале, ценить свою красоту помогут девушке в будущем с самым главным её природным предназначением – привлечь мужчину для оплодотворения. Можно, конечно, это единственное и главное предназначение заменить на кучу других, общественно-значимых и важных, на построение карьеры, на накопление капитала, но это всё – равно, что играть в шахматы без цели поставить мат. Мальчика тоже важно воспитывать в соответствии с полом, так как мальчишеские игры, общение с себе подобными, развивают силу, помогают идентифицировать себя с сильным полом. Сила развивается не столько физическая, сколько волевая, помогающая завоевать девушку, защищать возлюбленную и свой очаг. В современном мире мужские и женские обязанности уже не так очерчены, как раньше, но тем не мене природное предназначение женщины рожать, а мужчины оплодотворять ещё никто не отменял. Воспитание ребёнка вне пола, не вредит, так как дети, если им не навязывать силой нормы поведения, интуитивно всё –

равно выберут правильное и им необходимое. Но то, что такое воспитание уж точно не поможет ребёнку в выполнении своего главного природой дарованного предназначения, сомневаться не приходиться.

Почему рождаются дети?

Счастье нельзя купить. Но его можно родить.

Как-то раз, в аэропорту, мне довелось стать свидетелем одного разговора. Разговаривали случайные попутчики, женщина и мужчина. Женщина летела к родственникам в Майами, провести Рождество. Мужчина задавал ей праздные вопросы, типа, давно ли живете в Канаде, не скучаете ли по родине, почему летите одна и так далее. Женщина отвечала довольно бойко, видимо ей нравился собеседник. Мужчина был намного моложе её, поэтому вопросы задавал смелые, без свойственной зрелым мужчинам осторожности. Дама рассказала, что всегда предпочитает отдыхать одна, только так она полностью расслабляется. Мужчина спросил, замужем ли она. Женщина оказалась свободна. На вопрос есть ли дети, ответила, что нет. Мужчина поинтересовался: «А почему?» Дама ответила, что решение не иметь детей было обдуманным, в её планы это не входило и более того никак не вписывалось в её образ жизни. «Я люблю путешествовать, люблю экстремальные виды спорта, к тому же работа требует постоянных командировок, так что дети это не моё». Когда она это произнесла, я почувствовала такое явное несоответствие того, что она говорит, с тем, что у неё внутри. Она лгала. Лгала не только этому незнакомому мужчине, но и сама себе. Не сомневаюсь, что ещё каких-то пару лет и эта женщина забросит всё: и экстремальный спорт, и курорты в одиночку, и шопинги в Майаме. Она будет носиться в поисках донорской яйцеклетки, ведь своей уже не будет. Причем, выбирать будет самую молодую, с хорошей генетикой, тщательно, словно свинка в апельсинах, копаясь в донорском банке данных. Ведь по-другому уже не получится, вся энергия растрачена.

Рождение детей - это таинство. Это просто даётся, без нашего волеизъявления. Конечно, можно и нужно планировать семью, детей, но это планирование лишь поверхностное. От нас здесь мало что зависит. Изучая различные теории деторождения, работая с многочисленными бездетными парами из разных стран мира, пришла к выводу, что рождение ребёнка никак не зависит от нашего желания или нежелания. Одна из современных эзотерических теорий, утверждает, что в последнее время душ, которым необходимо воплотиться так много, что они витают в постоянном ожидании поскорее «прицепиться» к любым биологическим элементам, более-менее энергетически готовым к зачатию. Только вот беда, что таких «элементов», то есть родителей, становится всё меньше и меньше, по причине отсутствия у последних энергии.

Мне хотелось бы акцентировать внимание на образ жизни, приводящий к отсутствию энергии, а следовательно, и к отсутствию детей. Рождение требует от женщины невероятных энергетических затрат. Эти затраты не относятся к физическим или материальным аспектам, хотя и они присутствуют. Чтобы выносить ребёнка, безусловно, нужно физическое здоровье и материальная поддержка. Но первичной всегда будет невидимая, трансцендентальная энергия, которая и даст тот запас физического здоровья, необходимый для зачатия и вынашивания ребёнка. Эту энергию можно назвать божественной, или энергией любви (не путать с любовью к противоположному полу). Этой энергии очень много у молодых девушек в виду того, что она у них пока ещё не растрачена на пустяки. Именно по этой причине высок риск беременности в возрасте от 15 до 25. С возрастом мы растрачиваем эту энергию на вещи, которые кажутся нам значимыми. Больше всего энергии пожирают наши удовольствия, особенно сексуальные. Причем, для парней увлечение сексом не так опасно, как для девушки, ведь им на оплодотворение нужно гораздо меньше энергии. Поэтому любой бабник, ловелас и Донжуан, насладившись вкусом побед, вполне способен на старость лет заделать себе ребёночка от молоденькой особы и продолжать радоваться жизни. Тогда как совсем обратная ситуация обстоит с женщинами. Бабий век короток. Любое отвлечение на сексуальные удовольствия отрезает шансы на рождение ребёнка. Образно это выглядит примерно так. Женская энергетика деторождения похожа на шагреневую кожу.

Чем больше сексуальных партнёров, тем меньше становиться энергии. Женский фолликул созревает в ответ на желание женщины. Если желания совокупиться нет – нет и фолликула. Если есть желания совокупляться всё с новым и новым партнёром, но при этом не рожать, то фолликулов начинает вырабатываться очень много и быстро фолликулярный запас истощается. В связи с тем, что вопросы нравственности и морали в современном мире заметно пошатнулись, физически это стало проявляться в появлении раннего климакса у женщин. Климакс именно то состояние, при котором заканчивается запас фолликул. Если раньше он заканчивался примерно в 55-60, то сейчас в 40-45.

Наука, конечно, объясняет это ухудшением экологии и женскими стрессами, тогда как метафизика ухудшением порочности и ростом желаний. Желание совокупиться с новым партнёром, соблазнение заставляет женские яичники работать на полную мощь, вырабатывать всё большее число фолликул. Из-за этого очень быстро истощается их резервный запас. Тратится энергия, драгоценные фолликулы работают впустую, делают своё дело контрацептивы. В последнее время медицина так шагнула вперёд, что у женщины даже появилась возможность каждый раз проверять свойфолликулярный запас, чтоб знать, сколько ещё фолликулов можно растратить на сексуальные утехи, а сколько припасти на зачатие. АМНTest позволяет безошибочно определить сколько ещё можно «погулять». Возможно, этот тест незаменим для карьерных женщин, но многие из них не берут в расчёт, что наличие фолликулов ещё не гарантирует их оплодотворение. Даже многочисленные клиники по искусственному оплодотворению становятся бессильны, если у женщины растрачена духовная энергия.

Если женщина спит с мужчиной, но при этом готова от него родить, то фолликулярный запас не истощается так быстро. Женщина, если она каждый раз любит своего партнёра, пусть даже чисто животной любовью, как самка самца, то она будет способна рожать детей от разных мужчин. Но если она при этом лишь желает получить сексуальное удовольствие от мужчины, использовать его, то очень быстро становится бесплодной, хотя на внешнем уровне может быть полный порядок. Многие в связи с этим, часто спрашивают, вреден ли секс с мужем. Секс с постоянным партнёром для женщины не вреден и даже полезен, потому что нет такой страсти и вовлечённости, какие есть при частых сменах партнёров. Кроме того, как это не парадоксально, но больше всего детей рождается именно в тех семьях, где у супругов нет сексуальной совместимости. Объясняется это довольно просто: женщина не тратит энергию на похоть, секс её не развращает, у неё не происходит зацепки на этой почве. В связи с этим очень поучителен фильм датского кинорежиссера Ларса Фон Триера «Антихрист». У женщины, «повёрнутой» на сексуальной почве, (она безумно всё время хотела своего мужа), погибает ребёнок. Погибает именно в тот момент, когда она занимается сексом с мужем. В конце фильма она жестоко убивает мужа. На подсознательном уровне она понимает, что через секс с ним разрушается, развращается.

Но с другой стороны, если постоянно нет сексуального удовлетворения, то неизбежно возникновение гинекологических проблем.

Дети огромное счастье для любой женщины. Иметь ребёнка, значит получить порцию любви Всевышнего. Многодетные матери в этой любви купаются, иногда этого не осознавая. Если у женщины с энергетикой не всё гладко, но, тем не менее, и не всё так плохо, то перед рождением ребёнка женщине дают шанс пройти очищение. Можно проанализировать свою судьбу, и увидеть, как шло очищение перед зачатием или рождением ребёнка. Обычно на женщину перед беременностью, а чаще во время неё, сваливается череда неприятностей, может уйти муж, может свалиться болезнь, могут быть скандалы в семье. Проходя все эти трудности, женщина переходит на другую ступень сознание, более высшую. Если путь пройден, у ребёнка больше шансов родиться крепким и здоровым. Очень часто женщины не готовы стать матерями, хотя очень этого хотят. Но одного желания для этого мало. Нужна правильная энергетика: а это верное отношение к миру, к мужчине, к себе самой и к ребёнку. Чем женщина старше, тем запущеннее, ущербнее её мировоззрение, больше претензий и недовольства судьбой, собой, окружающими. Ребёнок не может прийти в мир, которым недовольна мать. Значит, его душа будет искать себе других, более гармоничных родителей.

Самые гармоничные люди это молодежь. Но она в последнее время ставит слишком много преград на пути к зачатию. Куда жаждущим воплощения душам вселяться?

Но в то же время было бы ошибочно видеть причину бездетности только лишь в сексуальной распущенности. Причины могут быть самые разные, в том числе и кармические. Детей может не быть и по причине неправильного отношения к мужскому полу, чрезмерно потребительского, или, наоборот, преклоняющегося. В случае преклоняющего отношения к мужчине, шансов иметь детей больше. Если же женщина смотрит на мужчину сверху вниз, то шансы практически равны нулю. Препятствием может служить и слишком большая любовь к мужу, что является ещё одним камнем преткновения в теме взаимоотношений. Без любви не может родиться ребенок, утверждают романтики. Но он так же не может родиться и из-за неправильной любви к мужу, когда любовь к мужу перекрывает любовь к себе и ко всему сущему. Но насколько дозированной должна быть любовь к мужу, чтоб она не перекрыла и не затмила энергию, необходимую для рождения ребёнка? Но это уже отдельная тема. Вообще бездетность огромная и интересная сфера для исследования, но в данной главе я затрагиваю лишь самые важные и распространённые причины отсутствия детей.

В моей практике был случай, когда пара отчаянно пыталась забеременеть на протяжении пяти лет. Однако все попытки и стимуляции заканчивались неудачами. Отчаявшись, супруги обратились в центр искусственного оплодотворения. Там им сказали, что случай у них безнадежный, у женщины проблемы с трубами и единственный путь это подсадить эмбриона. Однако и здесь пару ждало разочарование. Подсаженный эмбрион не выжил, произошло отторжение, беременность закончилась выкидышем. Врачи предложили делать новые попытки. Но семья отказалась. Зато через два года супруга забеременела естественным путём. Что произошло? Чудо, под названием принятие. Супруги изжили свой урок, смирились с ситуацией, что у них никогда уже не будет детей и зажили настоящим, а не будущим. Беременность пришла, когда её уже и не ждали. Когда урок пройден, изжит, испытание правильно пройдено, необходимость в нём отпадает.

Очень часто пара не может забеременеть из-за слишком трепетного отношения друг с другом, приличий и хорошего тона, за которым нет ничего кроме желания быть хорошими в глазах других и в собственных. В таких отношениях нет искренности. Оба некие страдальцы, навечно связанные судьбой. Стоит жене уйти к другому партнёру, который будет менее нежен, а временами и груб, тут же родится ребёнок. Но дело в том, что чтоб уйти надо увидеть ситуацию. А чтоб увидеть, нужно стать самой собой, без игр и поиска жизненного комфорта. Но беда в том, что за многолетней игрой вспомнить, какая ты практически невозможно. Всё воспринимается как должное.

Ситуаций множество. Не стоит чей-то жизненный сценарий примерять к себе. Но важным и неизменным остаётся одно – дети даются нам не за хорошее поведение, не за правильные мысли, не за любовь к кому-то. Они даются тогда, когда мы к ним внутренне готовы, когда мы готовы сострадать, сопереживать, жертвовать. Когда женщина внутренне к этому не готова, то не увенчается успехом даже попытка зачать искусственно. Как бы не старались врачи, беременности будут прерываться. То же самое происходит и с бездетными родителями, желающими усыновить ребёнка. Если семья не готова к ребёнку, их усыновление не увенчается успехом. На пути непременно возникнет множество преград. Собственный многолетний опыт работы с родителями-усыновителями показывает: если семья приезжает в детский дом усыновлять ребёнка и при этом уже имеет биологических детей – усыновление, как правило, проходит без запинки, гладко и быстро. Если я читаю досье и вижу, что пара бездетна, что много лет лечилась и пробовала искусственное оплодотворение, что попытки не увенчались успехом и отчаявшись, семья решилась на усыновление, уже становится ясно, что работа с клиентами предстоит нелёгкая. Бывали случаи, что даже когда уже вынесено решение суда об усыновлении и до отъезда ребёнка на новую родину оставался день, объявлялась биологическая мать и усыновители ни с чем уезжали домой.

Когда боль у женщины от невозможности иметь детей не до конца выстраданная, не изжита, когда нет смирения, нет принятия, вряд ли что-то может получиться. Но бывают и обратные случаи: когда семья смиряется с тем, что у них никогда не будет собственных детей, приезжает и усыновляет, то вскоре рожает биологических детей, причём без помощи медицины. В моей практике был случай с замечательной парой из Бельгии. У семьи много лет не было детей, приговор врачей был безнадёжным.

Усыновили девочку. А через год прислали фотографию с двойней. Первая мысль - зачали искусственно. Ещё подумала, зачем, могли бы дать шанс ещё одному сироте обрести семью, если уж так хотелось второго. Написала им письмо. Оказалось, о беременности даже не подозревали. Для них самих это большой сюрприз. Теперь это счастливая семья растит трёх деток, наперекор всем медицинским диагнозам.

Приложение с играми

Детские игры занимают особое место в жизни ребёнка. Такое же важное место они должны занимать и в жизни взрослых. С детьми нужно играть постоянно. А для этого нужно придумать такие игры, которые были бы интересны и самим взрослым. Тогда они станут семейными любимыми и незаменимыми. Ничто так не объединяет семью как совместные игры. Дети обожают играть с взрослыми, и если им подворачивается такая возможность, они отодвинут на второй план даже общение с друзьями. Это, конечно, не означает, что игры с родителями должны полностью вытеснить общение со сверстниками, но, тем не менее, они должны стать альтернативным временем препровождения для ребёнка.

Ниже приведены игры, которые были придуманы в нашей семье для досуга. Я не утверждаю, что они познавательны, развивают детей или несут какую-то полезность. Мы играем в них, просто потому что весело, играем для удовольствия, не преследуя при этом никаких целей. Детям они нравятся, нам, родителям, тоже. Так мы коротаем длинные, зимние вечера. Но одна польза всё-таки от игр есть. Когда детям звонят друзья и куда-то приглашают, они берут паузу и у нас уточняют: «А во что мы сегодня играем?» То есть они выбирают идти куда-то с друзьями или остаться дома. Это говорит о том, что дома детям находиться также интересно, как и с друзьями.

В нашей семье есть две любимые настольные игры. Одна из них – русское лото. Эта игра немного напоминает бинго, но отличается наличием бочонков, которые находятся в руках ведущего. Ведущий выкрикивает номер бочонка, игроки следят за картами.

Но в лото мы любим играть, когда к нам приходят гости. Часто заглядывают соседи, специально поиграть в эту игру, так как в Канаде русское лото в диковинку. В эту игру интересно играть, когда много людей, да и чужих обыгрывать веселее, чем друг друга.

Вторая наша любимая настольная игра – «тысяча». В неё с удовольствием играем всей семьёй. Игра сложная, требует от каждого сообразительности и математической смекалки. Иногда ссоримся, выясняем отношения, но очень её любим. Играем на небольшие деньги. Описывать правила не буду, игра распространённая.

А вот другие наши игры, придуманные для семейного досуга, опишу. Наверняка, в каждой семье найдётся парочка игр, которые вообще описанию не поддаются. Они даже не столько игры, сколько баловство на грани хулиганства. Родители должны непременно «хулиганить» с детьми. Когда в нашей семье зашел разговор о том, какие игры можно включить в эту книгу, дети первыми назвали самые хулиганистые, уж больно они им нравятся. Я их, конечно, в эту книгу не включила. А вот с другими нашими играми, мы с удовольствием поделимся.

Семейные игры для всей семьи

Концерт

Сразу скажу, что в нашей семье абсолютно ни у кого нет никаких способностей. Мы самые обычные, среднестатистические индивидуумы. Ни у кого нет музыкальных способностей, никто не пишет стихов и не участвует ни в каких представлениях. Но тем не менее, дома, в кругу семьи, мы позволяем оторваться по полной. Причем, в самом начале организации семейных концертов, ни у кого особого желания участвовать во всём этом не было. Никто не хотел ничего придумывать и уж тем более это показывать. Когда я впервые кинула клич подготовить каждому свой номер и с ним выступить перед остальными членами семьи, которые должны будут выставить баллы, то никто особого энтузиазма не проявил. Кроме, того, идею встретили в штыки. «Какой ещё концерт, нам, что больше заняться нечем», - завопили пацаны. Но перебороло желание получить вкусные призы. Что сейчас ими руководит, то ли всё то же желание полакомиться чем-то вкусненьким, то ли интерес к творчеству, сказать трудно. Но только теперь уже сами дети объявляют дату концерта, и умоляют меня не откладывать. Я же всё время переношу, хронически не хватает времени на подготовку номера. Но регулярно, раз в месяц такие концерты нам всё же удаётся проводить.

Для игры в «концерт», достаточно трёх человек, можно больше, но не меньше. Каждому раздаётся пять листочков одинакового размера. На каждом написана цифра от 1 до 5. Если играют три человека, значит, получится три листочка с цифрой 1, столько же с цифрой 2 и так далее. Листочки нужны для выставления балов по пятизначной системе, сразу же после выступления. Каждую оценку член жюри комментирует, высказывает своё мнение о номере и пожелания. Не беда, что людей всего трое. Это не делает концерт менее интересным.

По желанию выбирается ведущий, задача которого красиво, загадочно представить выступающего. Номера каждый готовит по отдельности, в секрете друг от друга. Моя задача заключается в подготовке призов. Если играют трое, то и призов три, если играет большее количество людей, то призы должны быть закуплены на каждого участника. Но каждый приз должен отличаться по стоимости. Обычно мы покупаем вкусные шоколадки. Победителю первого места вручается самая большая шоколадка или сразу две (фантазии здесь нет предела), за второе место шоколадка скромнее, за третье поменьше и так далее. Если людей четверо, то готовится поощрительный приз, если пятеро, то присваивается ещё и гран-при. Никто не должен остаться без приза, это поощряет каждого участника к следующему концерту подготовиться более тщательно, более творчески. Набравший наибольшее количество баллов, получает первое место. Каждому рекомендуется готовить по два номера, потому что очень часто бывает так, что два человека набирают одинаковое количество балов. В этом случае даётся шанс показать второй номер. Часто дети хитрят и не показывают свой листочек до тех пор, пока не покажет сосед, чтоб успеть подсчитать, кто сколько набирает очков и присудить победу себе. Ведь участники концерта и жюри те же самые люди. В этом и заключается вся прелесть игры. Проверяется честность, объективность. Лучше установить очередь в выставлении балов и строго ей следовать. Если кто-то кого-то засуживает, а обычно дети засуживают меня, особенно когда мой номер получается самым лучшим, то концерты прекращаются и не возобновляются, пока не будет выставлена честная оценка. Для объективности можно использовать также тайное голосование. Постоянно вводя новые правила и усовершенствуя игру, мы пришли к тому, что все концерты проходят весело, честно, без обид. В качестве номера принимается всё, даже стрельба из лука по мишени. В общем, кто на что горазд. Советую родителям устраивать такие концерты дома, в самые обычные дни, без всякого повода. Это очень объединяет семью и доставляет много удовольствия, как взрослым, так и детям.

Учимся красиво говорить

Это игра родилась в нашей семье скорее, как необходимость, нежели весёлое времяпрепровождения. Одно время между сыновьями стало привычным употребление английских жаргонных слов. Они так и сыпали друг другу выражения, в которых не было никакого смысла. Некоторые слова просто стали паразитами. При изучении английского, как это часто бывает, они полюбили именно жаргонные выражения, а не литературные. Употребление слов и выражений типа dude, Whatisthehell, shit и так далее казалось им крутым и вызывало восхищение. Кроме того, при выяснении отношений, у каждого имелись в арсенале словечки, которые особенно больно ранили другого. При ссорах они оба умело этим пользовались. Я поставила задачу научить детей при любых разногласиях использовать красивые слова. Для этого в начале каждой недели объявлялась презентация, во время которой я знакомила их с правилами поведения на неделю. На доске объявлений, в зале вывешивался плакат, разделённый на две части. Одна часть принадлежала старшему сыну, на нём записывался набор слов, которые особо не нравились младшему. Например, младшего особо злило слова «маленький», «малыш, не плач», «маменькин мальчик» и так далее. Во второй половине плаката, которая принадлежала младшему сыну, писались слова, которые не нравились старшему. Каждому из сыновей предназначалось по результатам проекта, а он обычно длился две недели, по 10 долларов. За каждое услышанное мною слово из запрещённого списка, на плакате чертилась палочка, она означала, что один доллар потерян. В конце проекта мы подсчитывали палочки каждого, отнимали их от десяти долларов. Каждый, таким образом, при помощи самоконтроля и внимательности зарабатывал деньги. Признаюсь, вначале хитрили. Например, слово «маленький» тут же заменяли на «гаденький», и утверждали, что такого слова в списке запрещенных нет, а что не запрещено, то разрешено. Или, например, «дурак» заменяли «дураг» и пытались доказать, что это уже другое слово, а значит доллар сохранён. Каждую неделю, у нас список слов модернизировался, усовершенствовался. Дополнительно появился список выражений, употребление которых, наоборот, финансово поощрялось. Например, «давай найдём компромисс», или « я готов тебя выслушать, предложи своё решение», или «каким будет наш консенсус» (особенно актуально при спорах из-за вещей). Результаты меня поразили. Детям стали нравиться заумные слова, они научились ими пользоваться. Вначале произносили их со смехом, потом смех сменился бравадой. Месяца через три необходимость в подобных презентациях отпала. Дети стали вполне нормально друг с другом разговаривать, а если и проскальзывало по привычке какое-то жаргонное словцо, то на него просто никто не реагировал. А когда на слово никто не реагирует, его больше не произносят. Так мы научились уважать слух друг друга и ценить красивую чистую речь.

Граница

Эта игра для детей 4-8 лет. В неё мы не играем всей семьёй, она не стала такой уж «семейно-народной». Играем только мы с младшим сыном. Остальные просто глазеют и иногда выкрикивают свои варианты. Задача одного продемонстрировать без слов повадки какого-либо животного, задача другого – это животное угадать. Обычно играем по утрам, в субботу или воскресенье, валяясь в кровати. Эта игра, возможно, не подойдет родителям, которые не позволяют детям залазить по утрам в их кровать. В этом случае игру можно видоизменить. Ситуация разворачивается на границе. Пограничник, тот, кто угадывает животное, стоит на границе, то есть лежит в кровати. С одной его стороны густой лес, с другой город. Задача пограничника не пропустить через границу, то есть через себя, животных, которые так и норовят проникнуть в город. Животное должно быть вовремя угадано, пограничником должно быть быстро принято решение пропускать это животное через границу или нет, способно ли оно доставить неприятности мирно-живущим там людям или нет.

Игра требует знания животного мира, их повадок, ну и конечно, хорошей реакции. Пограничнику нужно по виду понять, что перед ним за животное, назвать его, и если животное представляет опасность для мирных горожан, усыпить его, выстрелив из вымышленного пистолета. Если переходит границу зайчик, который захотел полакомиться в чьем-то огороде или белочка, их нельзя усыплять, а вот медведю или волку в город нельзя. Дети, обычно, не любят быть пограничниками, а предпочитают имитировать зверей и перебираться через взрослого, на другую сторону. В этом они находят больше фана. Ну, а взрослые, наоборот, больше любят быть пограничниками. Ведь можно подольше понежиться в кровати и заодно поиграть с ребёнком. Но лучше, конечно, меняться ролями.

Мышки

В эту игру мы играем уже года три. Игра получилась бесконечной, и если бы нам удалось записать весь сценарий и заняться анимацией, то возможно, получился бы очень смешной мультфильм о многочисленных приключениях двух отважных мышек. Я опишу игру лишь в общих чертах, чтоб у родителей было представление, как можно играть в ролевые игры. У вас будет непременно своя игра, свои герои и свой сценарий. Он рождается по ходу, не нужно ничего придумывать заранее, иначе будет неинтересно. Каждый, взрослый и ребёнок, при помощи двух пальчиков на руке имитирует человечка, идущего по дороге. Нарекаете человечка именем и он становится вашим неизменным другом в любой ситуации. У нас это не человечки, а два весёлых мышонка, которые всегда с нами. Где бы мы с ребёнком не находились, когда нам скучно и у нас свободны руки, мы начинаем играть в мышат. Сценарий придумываем на ходу, каждый раз это новая, не связанная с предыдущей история. Наши мышки уже побывали в космосе, в гостях у Санта Клауса, обхитрили глупого медведя и совершили много отважных дел. Один мышонок у нас получился более осторожным и трусливым. Несложно догадаться чей, конечно, мой. А вот мышонок сына, наоборот, пример отваги, ловкости и мужества. Подобные ролевые игры развивают воображение ребёнка и помогают скоротать время в ожидании.

Пондеромоторное письмо

Пондеромоторное письмо это техника работы с подсознанием для получения любой информации. Ещё его называют письмом автоматическим. Автоматическое письмо — парапсихологический термин, обозначающий способность индивида, писать осмысленные тексты вне сознательного контроля за этим процессом. Индивид при этом может быть занят совсем другой деятельностью и не отдавать себе отчет в том, что он вообще пишет. В результате научных исследований было сформулировано заключение, что "автоматическое письмо" представляет собой возникший в особых состояниях сознания доступ к бессознательному. Мы используем пондеромоторное письмо не с целью получения какой-то информации или психотерапевтического эффекта. Мы вообще не задаёмся целью, продемонстрировать именно пондеромоторное письмо. Мы лишь играем, его имитируя. Играем всей семьёй. Причём наш младший сын начал играть с нами ещё до того, как научился писать, хотя игра требует владения письмом. Он приспособился играть в неё устно, придумывая всё в уме. И получалось у него это ничуть не хуже, чем у тех, кто держал в руке ручку и бумагу. Правда, иногда, конечно, забывал, что хотел сказать, но даже в этом случае не терялся, а придумывал на ходу что-то другое, и получалось ещё смешнее.

Игра заключается в следующем. Каждый по очереди говорит любое слово. Как слово прозвучало, игроки берутся за ручки, и начиная с прозвучавшего слова, пишут первое, что придёт на ум. Задача игры писать, всё, что приходит на ум, не думая о том, что пишешь. Задача - не думать. Если ручка вдруг остановилась, значит, письмо закончилось. Нужно крикнуть «Стоп». Остальные должны отложить ручки. Все читают вслух, что написали. Получаются очень смешные и нелепые вещи.

Часто получаются рифмованные четверостишья или двустишья, у некоторых проза. Из под пера рождаются удивительные вещи.

Городки

Эта игра для детей старшего возраста. Если вместе с взрослыми усаживается играть ребёнок, то для него должен быть введён другой подсчет балов. Например, если всем за каждый правильный ответ присуждается 10 балов, то ребёнку присуждается 20, чтоб не было большого отрыва в очках. Игра интеллектуальная. Каждый расчерчивает себе листочек для игры. Чертим несколько столбцов, наверху каждого столбца пишем «города», «растения», «животные», «марки машин», «очки». Посередине стола кладётся газета. Начиная по часовой стрелки, каждый с закрытыми глазами ручкой указывает на любую из букв в газете. На эту букву и надо будет написать город, растение, животное и марку автомобиля. Кто быстрее закончит, кричит «стоп», остальные тут же откладывают ручки. Затем идёт проверка. Каждый зачитывает то, что успел записать. За каждый ответ ставится 10 балов. Те, у кого ответы совпали, получают по 5 балов. По каждой букве подсчитывают очки. В конце игры считаем общее количество набранных очков, по их результатам объявляется интеллектуал вечера. При желании можно подготовить мелкие призы. Но мы обычно с удовольствием играем в «городки» и без призов. Детям здесь интересен сам процесс выбирания буквы, письма, подсчёта очков.

Пышка

Эта очень громкая игра и когда мы вдвоём с младшим сыном входим в роли, то остальные закрывают двери. Мы назвали её «Пышка», просто потому, что это первое, что пришло нам на ум. Вы непременно придумаете своего персонажа и назовёте его по-своему. Наша Пышка это воображаемое большое доброе существо. Единственное, что мы о ней знаем, это то, что она очень громко говорит. В нашей семье Пышка - это я. Играя Пышку, я весело кривлю голос и очень громко разговариваю. Максимально громко. Пышка всегда появляется неожиданно, мы никогда не договариваемся поиграть в неё. Она приходит просто так, когда есть настроение, или когда требуется поднять настроение сыну. Пышка очень шумная, весёлая, задаёт много вопросов и очень быстро убегает. В Пышку мы играем не более 5-6 минут, но этого вполне достаточно, чтоб внести немного разнообразия в вечер или через этого весёлого персонажа донести до ребёнка какую-то важную, серьёзную информацию. Когда приходит Пышка, ребёнок сразу начинает задавать ей вопросы, где ты живешь, почему так громко говоришь, ты какая, почему так быстро убегаешь. Это очень забавляет нас обоих.

Игра на внимательность

Я не очень люблю игры, специально разработанные психологами на развитие внимания, наблюдательности, памяти. В нашей семье такие игры не стали популярными. Хотя некоторые из них вполне заслуживают внимания. Они, безусловно, полезные, но больше одного раза в них не поиграешь, детям становиться скучно.

Одна из хороших игр на наблюдательность это дать ребёнку лист бумаги, цветные карандаши и попросить нарисовать в ряд 10 треугольников. Когда эта работа завершена, ребенка следует предупредить о необходимости быть внимательным, так как инструкция произносится только один раз. "Будь внимательным, заштрихуй красным карандашом третий, седьмой и девятый треугольники" Если ребенок переспрашивает, ответить - пусть делает так, как понял. Если ребенок справился с первым заданием, можно продолжить работу, постепенно усложняя задания.

Упражненияна развитие наблюдательности.

Предложите ребенку игру: "Внимательно осмотри комнату и найди предметы, в которых есть круг, окружность". Ребенок называет предметы - часы, выключатель, столик и так далее. Можно посоревноваться, кто больше назовет предметов.

Игра на развитие памяти.

Задача в этой игре продолжить мысль и запомнить, кто что сказал. Взрослый начинает играть и говорит: "Я положил в мешок яблоки". Ребёнок повторяет сказанное и добавляет что-нибудь своё: "Я положил в мешок яблоки и бананы". Тот, чья очередь, повторяет всю фразу и добавляет что-нибудь от себя. Можно просто добавлять по одному слову, а можно подбирать слова по алфавиту.

Да-нет не говорить, черный-белый не носит, ротик бантиком не делать.

Это очень распространённая игра, в которую, наверняка, хотя бы раз играли все. Она развивает внимательность. Но лучше ей не увлекаться, так как у ребёнка может войти в привычку всё-время думать, прежде чем что-то сказать. Многие считают это очень хорошей и правильной привычкой. Но если уж ставить задачу развивать чувства ребёнка, умение их проявлять, не стесняться собственного самовыражения, то здесь нужны искренность, спонтанность, открытость. Ум же всё это поглотит в два счёта. Эта игра на ум, его тренировку, поэтому особо увлекаться ей не стоит.
Начинаем с ребёнком беседу на любую, интересную ему тему. Его задача давать ответы, но следить, чтоб в них отсутствовали слова: да, нет, черный, белый. При этом нельзя делать «ротик бантиком», то есть смеяться. Предоставьте также право ребёнку задавать вам вопросы, то есть поменяйтесь ролями.

Фантазии на клею

Можно собрать в коробку всё, что клеится к бумаге. Это могут быть кусочки ваты, ткани, салфетки, вырезки из старых газет и журналов, веточки, листья деревьев, пластмассовые замочки от хлеба, бусинки, в общем, всё, что угодно. Ребёнок с удовольствием всё это приклеит на бумагу. Но ему нужно помочь определиться с главными героями, то есть с теми предметами, которые будут ключевыми.

Если из журналов вырезаны картинки с одушевленными предметами, например, животные, то они будут главными персонажами, а вокруг них всё остальное. Если это неодушевленные, то здесь фантазии нет предела.

Игры с книжками.

Все дети любят рассматривать картинки в книжках. Поиграйте с ребенком в такую игру. Вместе рассмотрите какую-нибудь картинку в книге и переверните страницу. Попросите ребёнка рассказать, что он запомнил, какие предметы были изображены. Помогайте ребёнку вопросами. Вопросы можно придумывать самые разные, в зависимости от картинки.

Мягкие игрушки.

Все дети любят мягкие игрушки, правда, играют с ними крайне редко. Как правило, мягкая игрушка быстро надоедает и малыш о ней забывает. Лучше не покупать больших игрушек, они хоть и красивые, но совсем неудобные для игр. Такие игрушки больше служат дополнением к интерьеру детской комнаты, нежели предметом, с которым можно поиграть. Детям больше по вкусу небольшие яркие игрушки, которые легко держать в руках. Как, правило, дети охотно с ними играют. При появлении в доме мягкой игрушки её надо одушевить, дать имя и время от времени разговаривать. Тогда и ребёнок будет играть с этой игрушкой охотнее. Мы очень любим маленькие пальцевые игрушки, которые легко одеваются на руку. Не стоит их покупать слишком много, иначе интерес к ним пропадет. Лучше купить две-три и периодически с ними играть. Наши две пальцевые игрушки стали для нас практически членами семьи. Это утёнок Кряк, коровка Му. Они всегда неразлучны. Мы в свою очередь неразлучны с ними. Даже когда уезжаем в отпуск, они первыми запрыгивают в чемодан. Вариантов игр с мягкими игрушками великое множество. Можно также приспособить их к играм на развитие памяти или внимательности. Например, посадите несколько мягких игрушек в ряд, и пусть ребёнок запомнит их положение, а затем на несколько минут закроет глазки. Вы в это время измените их положение: можно поменять игрушки местами, или поднять кому-то лапки, кому-то наклонить головку. Попросите ребёнка указать, что изменилось в зверюшках.

Тесты

Я включила в книгу несколько занимательных тестов, разработанных ведущими психологами прошлого столетия. Тесты помогут родителям лучше понять своего ребёнка. Несколько тестов посвящены родителям. Они помогут определить насколько верно родители подходят к вопросу воспитания ребёнка. К сожалению, не представляется возможным идентифицировать авторство каждого теста. Тесты перерабатывались и дополнялись разными психологами на протяжении многих лет, и в некоторых случаях установить изначальное авторство не представляется возможным.

Определи характер ребёнка.

Это тестирование было разработано российскими психологами Волковыми. Его суть такова: ответьте сами себе на следующие вопросы и сделайте выводы.

1. **Как ведет себя ребенок в ситуации, когда необходимо быстро действовать?**
а) Легко включается в работу.
б) Активно действует.
в) Действует спокойно, без лишних слов.
г) Действует робко, неуверенно.

2. **Как реагирует ребенок на замечания воспитателя?**
а) Говорит, что больше так делать не будет, но через некоторое время делает то же самое.
б) Не слушает и поступает по-своему, бурно реагирует на замечания.
в) Выслушивает молча.
г) Молчит, обижен, переживает.

3. **Как разговаривает ребенок с другими детьми в значимых для него ситуациях**
а) Быстро, с жаром, но прислушивается к высказываниям других.
б) Быстро, со страстью, других не слушает.
в) Медленно, спокойно, но уверенно.
г) С большой неуверенностью.

4. **Как ведет себя в непривычной обстановке (в кабинете врача, заведующего и др.)?**
а) Легко ориентируется, проявляет активность.
б) Активен, проявляет повышенную возбудимость.
в) Спокойно, рассматривает окружающее.
г) Робок, растерян.

Ключ. Если преобладают ответы "а", вы имеете дело с сангвиническим типом;
если "б" - с холерическим;
если "в" - с флегматическим;
если "г" - с меланхолическим типом темперамента.

Определи свои взаимоотношения с ребёнком

Выберите более близкие вам варианты ответов

1. Если ребенок не сдал тест в школе, ваши действия?

- задам хорошую трепку или заставлю сидеть дома и зубрить - 2;
- помогу ребенку разобраться с новой темой и выучить урок - 3;
- не сдал этот, сдаст следующий, ничего страшного - 1;
- пойду в школу и устрою учителям выволочку - 4.

2. Если ребенок возьмет без спроса деньги и все потратит, каковы будут ваши действия?

- накажу - 2;
- проведу беседу, постараюсь все объяснить - 3;
- пускай берет, для него и работаю - 4;
- мои деньги где попало не валяются - 1.

3. Сколько времени в день вы общаетесь с ребенком?

- необходимый минимум - 2;
- очень много, - 4;
- все свободное время! - 3;
- у меня нет лишнего времени для общения - 1.

4. Вы читали своему ребенку в детстве перед сном книги?

- систематически - 3;
- изредка - 1;
- никогда, но читал(а) супруг (а) - 0;

- ни к чему ребенку перед сном забивать голову - 2.

5. Как ваша семья проводит летний отдых?

- папа - на запад, мама - на юг, дети - в лагерь! - 1;
- стараемся всегда вместе: и дома, и в походы, и на море - 3;
- отправляем детей гостить к родственникам или в лагерь - 2;
- куда ребенок пожелает, туда и поедет - 4.

6. Как часто вы даете детям советы?

- ежеминутно - 2;
- дети сами знают, как им поступить - 4;
- по необходимости - 3;
- советую всем никому никогда не советовать - 1.

7. После ссоры с ребенком кто первым идет на примирение?

- тот, кто первым осознает свою неправоту - 3;
- никто и никогда - 1;
- конечно, должен ребенок, ведь он же младше - 2;
- всегда я, жалко ребёнка! - 4.

8. Доверяет ли вам ребенок свои секреты?

- в минуты откровений - да - 3;
- все секреты узнаю от соседей и знакомых - 4;
- его секреты мне ни к чему, на то они и секреты, чтоб ими не делиться - 1;
- никуда не денется, если начну настаивать, всё расскажет - 2.

9. Стараетесь ли вы исполнить все желания своего

ребенка?

- безусловно, все до единого - 4;
- да, если позволяют средства и время - 3;
- желания - да, капризы - нет - 2;
- дети должны выполнять желания родителей - 1.

10. Способны ли вы передать своего ребенка на длительный срок (более месяца) на воспитание казенному учреждению или родственникам?

- только если вынуждают обстоятельства - 3;
- именно так я и поступаю - 2;
- ни в коем случае - 4;
- пусть живет, где хочет - 1.

Отметьте ваши ответы и подсчитайте сумму полученных очков.

От 10 до 15. Вы считаете детей побочным продуктом своей жизни, свалившимся невесть откуда. Лозунг "Хочу пожить для себя!" является отправной точкой в построении ваших взаимоотношений с ребенком. Вы живете своей жизнью, в которой ребенку не находится места. Прохладное отношение к ребенку с вашей стороны не порождает у него ответное чувство привязанности. С каждым годом вы все дальше отдаляетесь друг от друга. Обыденные встречи не несут теплоты и радости от общения. Материальное - единственное, что вас еще связывает. После обретения ребёнком самостоятельности в ваше жизни может произойти окончательный разрыв. Ваши встречи станут нежеланными обоюдно.

От 16 до 25. Вы пребываете в полной уверенности, что вы - глава семьи. И поэтому ребенок должен непременно слушать вас и беспрекословно выполнять все ваши требования. Ваши суждения - истина в последней инстанции. Мнение ребенка, его интересы и проблемы вас интересуют мало. У вас имеется четкий план действий в отношении воспитания и обучения ребенка. Сопротивление ребенка вашему неистовому напору только подливает масла в огонь. Не в силах противостоять, ребенок пытается отойти в сторону от постоянного конфликта, замыкаясь в себе и молча выслушивая морализирования неистового родителя. Не исключено, что в будущем, вырвавшись из-под вашего неусыпного надзора, "послушник" будет делать всё в противовес тому, чему вы его неустанно учили долгие годы. Назло...

От 26 до 34. У вас доверительные отношения с ребенком. Вы в курсе всех его маленьких несчастий и радостей. Ребенок считает вас самым близким другом и старается не огорчать вас ни словом, ни действием. Но если такое случается, то вы быстро находите пути примирения, и конфликт не превращается в затяжную междоусобную войну. Вы уверены в действиях своего ребенка и способны предугадать его поведение в той или иной ситуации. Ребенок видит в вас надежную опору и защиту. Вы говорите друг с другом на равных, не переходя на примитивное панибратство.
    Вы требовательны и в меру строги к своему ребенку. Ваши отношения построены на обоюдном уважении.

От 35 до 40. Ваш ребенок откровенно помыкает вами. По собственному желанию вы поступили к нему в услужение, потакая с малых лет всем его капризам. Подрастая, он все чаще перестает считаться с вашим мнением. Вы рискуете воспитать эгоиста. Ребёнок откровенно полагает, что вся

Вселенная крутится вокруг него. Впереди еще тот миг, когда придет Коперник и объяснит устройство мироздания, переворачивая сознание вашего воспитанника с головы на ноги. Только поможет ли это? Как знать...

Определи биополе своей семьи

Ответьте «да» или «нет».

1. Наша семья очень дружная.
2. По субботам и воскресеньям у нас принято завтракать, обедать и ужинать всем вместе.
3. Присутствие некоторых членов семьи обычно выводит меня из равновесия.
4. В своем доме я чувствую себя очень уютно.
5. В жизни нашей семьи есть обстоятельства, которые очень дестабилизируют отношения.
6. Лучше всего я отдыхаю в домашней обстановке.
7. Если в семье случаются раздоры, то о них все быстро забывают.
8. Некоторые привычки кого-либо из членов семьи меня очень раздражают.
9. С полным основанием я могу считать: мой дом - моя крепость.
10. Визиты гостей обычно благотворно влияют на отношения в семье.
11. В семье есть очень неуравновешенный человек.
12. В семье хотя бы кто-нибудь меня всегда утешит, ободрит, вдохновит.
13. В нашей семье есть член(ы) с очень трудным характером.

14. У нас в семье все хорошо понимают друг друга.

15. Замечено: визиты гостей обычно сопровождаются мелкими или значительными конфликтами в семье.

16. Когда я надолго уезжаю из дома, то очень скучаю по "родным стенам".

17. Знакомые, побывав у нас в гостях, обычно отмечают мир и спокойствие в нашей семье.

18. Время от времени в нашем доме возникают сильные скандалы.

19. Домашняя атмосфера часто действует на меня угнетающе.

20. В семье я чувствую себя одиноким и никому не нужным.

21. У нас принято отдыхать летом всей семьей.

22. Трудоемкие дела мы обычно выполняем коллективно - генеральная уборка, подготовка к празднику, работа на дачном участке и т. п.

23. Члены семьи часто вместе поют или играют на музыкальных инструментах.

24. В семье преобладает радостная, веселая атмосфера.

25. Обстановка скорее тягостная, грустная или напряженная.

26. В семье меня раздражает то, что все или почти все говорят в доме на повышенных тонах. 27. В семье принято извиняться друг перед другом за допущенные ошибки или причиненные неудобства.

28 По праздникам у нас обычно веселое застолье.

29 В семье настолько дискомфортно, что часто идти домой не хочется.

30 Меня часто обижают дома.

31 Меня всегда радует порядок в нашей квартире.

32. Когда я прихожу домой, у меня часто бывает такое состояние: никого не хочется видеть и слышать.

33. Отношения в семье весьма натянутые.

34. Я знаю, что кое-кто в нашей семье чувствует себя неуютно.

35. К нам часто приходят гости.

А теперь считаем правильные ответы. За каждый правильный ответ 1 балл. Вы должны были ответить "да" на вопросы №№ 1, 2, 4, 6, 7, 9, 10, 12, 14, 16, 17, 21, 22, 23, 24, 27, 28, 31, 35; и ответить "нет" на вопросы №№ 3, 5, 8, 11, 13, 15, 18, 19, 20, 25, 29, 30, 32, 33, 34. Если вы набрали от 0 до 8 баллов, то это тревожный показатель. В семье отрицательное биополе. В пределах этих показателей находятся семьи, принявшие решение о разводе или признающие свою совместную жизнь "трудной", "невыносимой", "кошмарной". Показатель в 9-15 очков характерен для супругов, частично разочарованных в совместной жизни, испытывающих некоторое напряжение. 16-22 балла характерны для семьи, в которой наблюдаются некие нездоровые факторы, но в целом, преобладает позитивная энергетика. Если вы набрали 23-35 баллов, значит в вашей семье хорошее биополе.

Определи хороший ли ты воспитатель

К сожалению, авторство этого теста довольно спорно, хотя тест просто уникален. По одним источникам, оно принадлежит французскому психологу, по другим английскому. Но уникальность теста в том, что он является ещё и информационным, содержащим знания, помогающие родителям лучше разобраться в вопросах воспитания мальчиков и девочек.

Вам нужно ответить "да" или "нет" на предложенные вопросы.

1. Девочки более послушны, чем мальчики.

2. Девочки лучше относятся к природе.

3. Мальчики лучше могут оценить сложное положение и мыслят более логично.

4. Мальчики испытывают большее желание отличиться.

5. Мальчики больше одарены в математике.

6. Девочки более чувствительны к атмосфере, в которой они живут, тяжелее переносят боль, страдание.

7. Девочки умеют лучше выразить свои мысли.

8. У мальчиков лучше зрительная память, а у девочек — слуховая.

9. Мальчики лучше ориентируются в пространстве.

10. Мальчики агрессивнее.

11. Девочки менее активны.

12. Девочки более общительны, отдают предпочтение большой компании, а не узкому кругу друзей.

13. Девочки более ласковы.

14. Девочки легче попадают под чужое влияние.

15. Мальчики более предприимчивы.

16. Девочки более трусливы.

17. Девочки чаще страдают от комплекса неполноценности.

Правильные ответы

1. В раннем детстве девочки действительно более послушны.

2. Пока не установлено ничего, что давало бы повод это утверждать:

девочки по своей природе больше склонны заботиться о больных и слабых животных, растениях, но только в возрасте 6—9 лет.

3. Это не так. Девочки могут решать сложные задачи (проблемы) не хуже мальчиков.

4. До 10—12 лет девочки развиваются быстрее (и поэтому иногда стремятся выделиться, отличиться от своих сверстников). Но позднее девочки более целенаправленны, они больше, чем мальчики, думают о будущем.

5. Девочки и мальчики одарены одинаково, все зависит от того, как мы их ориентируем, хотя считается, что в математике мальчики проявляют себя лучше. Но когда мы избавимся от этого предрассудка, то не заметим большой разницы.

6. Напротив, мальчики легче поддаются влиянию среды и поэтому сильнее переживают разлуку с родителями. Мальчики более чувствительны к боли, страданию. Они лишь внешне делают вид, что им не больно, поскольку с самого начала их учат, что мужчина не должен плакать.

7. До 10—13 лет разница незначительна, затем в большинстве случаев девочки в устном и письменном виде высказывают свои мысли более четко, чем мальчики.

8. Исследования показали, что на протяжении всей жизни эта способность у мальчиков и девочек одинакова. Если и есть разница, то только индивидуальная.

9. До наступления половой зрелости разницы нет, после этого мальчики лучше ориентируются в пространстве. С годами разница усиливается. Исключения только подтверждают правила.

10. Мальчики становятся агрессивными в самом раннем возрасте, в два — три года, когда начинает формироваться их личность.

11. Не установлена разница в активности мальчиков и девочек. Лишь в детские годы мальчики проявляют ее более шумно и очевидно (в драках, например). В то же время девочки не столь шумливы, но не менее целенаправленны.

12. Напротив, девочки предпочитают одну или не более двух подруг, а не большую компанию. Вот почему именно мальчики собираются в более крупные группы. Это положение сохраняется, и когда они вырастают, поэтому-то мальчики более склонны к коллективным играм.

13. До определенного возраста между мальчиками и девочками в этом нет разницы, и мальчики в определенный период требуют ласкового обращения.

14. Напротив, мальчики склонны скорее принимать «на веру» мнение компании, при их воспитании это надо непременно иметь в виду. Девочки обычно придерживаются своего мнения.

15. В этом качестве до определенного возраста у мальчиков и девочек нет разницы. Позднее более сообразительными и активными становятся девочки. А в период полового созревания они уступают в этом юношам. Быть может, сознательно.

16. Девочки не так трусливы на самом деле, как многим кажется. В действительности они могут

быть сильнее и решительнее мальчиков, легче преодолевать страх.

17. Не больше мальчиков. Девочки лучше «вооружены» по отношению к сложным житейским ситуациям, умеют быстрее приспосабливаться.

Определи ты лидер или подчинённый

Предлагаемые вопросы помогут прояснить кто вы по натуре: ведущий или ведомый, лидер или подчиненный. На предложенные ниже вопросы нужно ответить: "Да", "Нет" или "Не знаю".

1. Я всегда чувствую ответственность за все, что происходит в моей жизни.

2. У меня не было бы столько проблем, если бы некоторые люди изменили свое отношение ко мне.

3. Я предпочитаю действовать, а не размышлять над причинами своих неудач.

4. Иногда мне кажется, что я родился (родилась) под «несчастливой звездой».

5. Алкоголики сами виноваты в своей болезни.

6. Иногда я думаю, что за многое в моей жизни ответственны те люди, под влиянием которых я стал (стала) таким (такой), какой (какая) я есть.

7. Если я простужаюсь, предпочитаю лечиться самостоятельно.

8. Во вздорности и агрессивности, которые так раздражают в женщине, чаще всего виноваты другие люди.

9. Любую проблему можно решить.

10. Я люблю помогать людям, потому что чувствую благодарность за то, что другие сделали для меня.

11. Если происходит конфликт, то, размышляя, кто в нем виноват, я обычно начинаю с самого (самой) себя.

12. Если черная кошка перейдет мне дорогу, я перехожу на другую сторону улицы.

13. Каждый человек, независимо от обстоятельств, должен быть сильным и самостоятельным.

14. Я знаю свои недостатки, но хочу, чтобы окружающие относились к ним снисходительно.

15. Обычно я мирюсь с ситуацией, повлиять на которую не в состоянии.

За каждый ответ «Да» на вопросы 1, 3, 5, 7, 9, 11, 13 и ответ «Нет» на вопросы 2, 4, 6, 8, 10, 12, 14, 15 накиньте себе по десять баллов. За ответы «Не знаю» — по 5 баллов.

100 — 150 баллов. Вы "капитан" собственной жизни, чувствуете ответственность за все, что с вами происходит, многое берете на себя, преодолеваете трудности, не преувеличивая их, не возводя в ранг жизненных проблем.

50 — 99 баллов. Вы охотно бываете "рулевым", но можете, если это необходимо, передавать штурвал в верные руки. Гибкость, рассудительность и чуткость всегда бывают вашими союзниками.

До 49 баллов. Вы легко подчиняетесь внешним силам. В своих трудностях обвиняете кого угодно, но только не себя. Настоящая независимость кажется вам недостижимой.

Определи сколько в тебе взвешенности

Одни люди чересчур взвешенные, обдуманные. Прежде чем что-то сделать, они "семь раз отмерят". Другие предпочитают риск. Они способны поставить на кон всё. Они всё время жмут на газ, они быстро принимают решения и редко о них сожалеют. Данный тест поможет определить кто ты.

1. Боитесь ли вы разозлить человека, который заведомо физически сильнее вас?

2. Начинаете ли вы скандалить, чтобы на вас обратили внимание?

3. Любите ли вы ездить на большой скорости, даже если это связано с риском для жизни?

4. Увлекаетесь ли вы лекарствами, когда заболеете?

5. Пойдете ли вы на все, чтобы получить то, что вам очень хочется?

6. Любите ли вы больших собак?

7. Любите ли вы сидеть часами на солнце?

8. Уверены ли вы, что когда-нибудь станете знаменитостью?

9. Умеете ли вы вовремя остановиться, если чувствуете, что начинаете проигрывать?

10. Привыкли ли вы много есть, даже если не голодны?

11. Любите ли вы знать заранее, что вам подарят? А теперь подсчитаем.

Поставьте себе одно очко за каждый положительный ответ на вопросы 2 и 10 и одно очко за отрицательный ответ на вопросы 1, 3, 4, 5, 6, 8, 9, 11.

Больше 8 очков. Вы — сама мудрость. Вы благоразумны, потребности ваши умеренны. Хотя не мешало бы немного прибавить газу. Это облегчит общение с людьми и сделает жизнь немного проще.

От 4 до 8 очков. Золотая середина. У вас есть прекрасное чувство меры. Вы точно знаете свои возможности и не пытаетесь поймать журавля в небе. Хотя в вас есть и немного сумасбродства, которое придает людям такое очарование!

Меньше 4 очков. Можно сказать одно: вы абсолютно безрассудны. Вам всего всегда мало. От этого не испытываете от жизни удовлетворения. Вы всегда куда-то несётесь. Научитесь радоваться приятным мелочам, которых в жизни не так уж мало. Это поможет стать вам спокойнее и рассудительнее.

Психогеометрический тест

О психогеометрии впервые заговорили в США. Автор психогеометрического теста Сьюзен Деллингер. Её тест уникальнейшая система анализа личности. Точность диагностики с помощью психогеометрии достигает 85%. Описание фигур приведено в сокращении, но с сохранением основополагающих черт. Этот тест очень легко проводить с детьми. Обычно дети очень быстро называют свою фигуру, тогда как взрослые часто теряются, начинают думать, менять ответы и в итоге не могут четко себя ассоциировать.Взгляните на следующие фигуры:

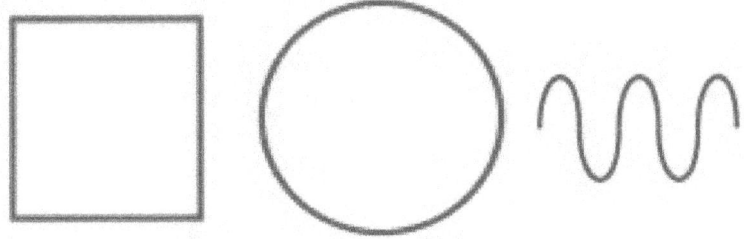

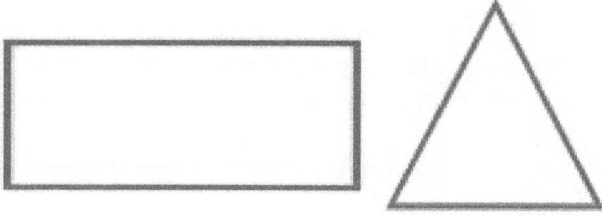

Выберите из них ту, в отношении которой можете сказать: "Это — я!" Постарайтесь почувствовать свою форму. Если вы испытываете сильное затруднение, выберите из фигур ту, которая первой привлекла вас.

Запишите ее название под номером 1.

Теперь выберите оставшиеся четыре фигуры в порядке вашего предпочтения (запишите их названия под соответствующими номерами).

Итак, самый трудный этап закончен.

Та фигура, которую вы поместили на первое место - это ваша основная фигура. Она дает возможность определить ваши главные, доминирующие черты характера и особенности поведения.

Остальные четыре фигуры — это своеобразные спутники, которые могут окрашивать ваше поведение.

Последняя фигура указывает на форму человека, взаимодействие с которой будет представлять для вас наибольшие трудности.

Однако может оказаться, что ни одна фигура вам полностью не подходит. Тогда вас можно описать комбинацией из двух или даже трех форм.

КВАДРАТ

Если вашей основной фигурой оказался квадрат, то вы — неутомимый труженик. Трудолюбие, усердие, потребность доводить начатое дело до конца, упорство, позволяющее добиваться завершения работы - основные качества истинных Квадратов. Выносливость, терпение и методичность обычно делают Квадрата высококлассным специалистом в своей области. Этому способствует и неутолимая потребность в информации. Чаще всего у них всё в голове разложены по полочкам. Квадрат способен выдать необходимую информацию моментально. Поэтому Квадраты заслуженно слывут эрудитами, по крайней мере, в своей области. Квадраты скорее «вычисляют результат», чем догадываются о нем. Они чрезвычайно внимательны к деталям, подробностям, любят раз и навсегда заведенный порядок. Их идеал — распланированная, предсказуемая жизнь, и им не по душе изменение привычного хода событий. Они постоянно «упорядочивают», организуют людей и вещи вокруг себя. Все эти качества способствуют тому, что Квадраты могут стать хорошими специалистами — техниками, отличными администраторами, но редко бывают хорошими менеджерами. Чрезмерное пристрастие к деталям, потребность в уточняющей информации для принятия решений лишает Квадрата оперативности. Аккуратность, соблюдение правил у них могут развиться до парализующей крайности. Кроме того, рациональность, эмоциональная сдержанность, мешают Квадратам быстро устанавливать контакты с разными лицами.

ТРЕУГОЛЬНИК

Эта форма символизирует лидерство, и многие Треугольники ощущают в этом свое предназначение. Самая характерная особенность истинного Треугольника — способность концентрироваться на главной цели. Они — энергичные, сильные личности. Треугольники, как и их «родственники» Квадраты, способными глубоко и быстро анализировать ситуации. Однако в противоположность Квадратам, ориентированным на детали, Треугольники сосредоточиваются на главном, на сути проблемы.

Треугольник — это очень уверенный человек, который хочет быть правым во всем! Потребность быть правым и потребность управлять положением дел, решать не только за себя, но и, по возможности, задругих делает Треугольника личностью, постоянно соперничающей, конкурирующей с другими. Треугольники с большим трудом признают свои ошибки! Можно сказать, что они видят то, что хотят видеть, не любят менять свои решения, часто бывают категоричны, не признают возражений. К счастью (для них и окружающих), Треугольники быстро и успешно учатся, правда, только тому, что по их мнению поможет им в достижении главной цели.

Треугольники честолюбивы. Если делом чести для Квадрата является достижение высшего качества выполняемой работы, то Треугольник стремится достичь высокого положения, приобрести высокий статус, иначе говоря — сделать карьеру. Из Треугольников получаются отличные менеджеры.

Главное отрицательное качество Треугольников: сильный эгоцентризм, направленность на себя. На пути к вершинам власти они не проявляют особой щепетильности в отношении моральных норм. Треугольники заставляют все и всех вращаться вокруг себя... Может быть, без них жизнь потеряла бы свою остроту.

ПРЯМОУГОЛЬНИК

Эта фигура символизирует состояние изменения. Человек, выбравший прямоугольник, пребывает в этом состоянии только на данный момент. Это форма, которую могут «носить» остальные четыре фигуры в определенные периоды жизни. Это люди, не удовлетворенные тем образом жизни, который они ведут сейчас, и поэтому занятые поисками лучшего положения. Причины «прямоугольного» состояния могут быть самыми различными, но объединяет их одно - значимость изменений для определенного человека.

Основным психическим состоянием Прямоугольников является состояние замешательства, запутанность в проблемах и неопределенность в отношении себя на данный момент времени.

Наиболее характерные черты – непоследовательность и непредсказуемость поступков. Они имеют, как правило, низкую самооценку.

Стремятся стать лучше в чем-то, ищут новые методы работы, стили жизни. Быстрые, крутые и непредсказуемые изменения в поведении Прямоугольника обычно смущают и настораживают других людей, и они сознательно могут уклоняться от контактов с «человеком без стержня».

Прямоугольникам же общение с другими людьми просто необходимо, и в этом заключается еще одна сложность.. Однако у Прямоугольника обнаруживаются и позитивные качества, привлекающие к нему окружающих: любознательность, пытливость, живой интерес ко всему происходящему и... смелость! В данный период они открыты для новых идей, ценностей, способов мышления и жизни, легко усваивают все новое. Правда, оборотной стороной этого является чрезмерная доверчивость, внушаемость. Поэтому Прямоугольниками легко манипулировать. «Прямоугольность» — всего лишь стадия. Она пройдет!

КРУГ

Круг — это символ гармонии. Тот, кто уверенно выбирает его, искренне заинтересован прежде всего в хороших межличностных отношениях. Высшая ценность для Круга — люди. Круг — самая доброжелательная из пяти форм. Он чаще всего служит тем «клеем», который скрепляет и рабочий коллектив, и семью. Круги — лучшие коммуникаторы прежде всего потому, что они лучшие слушатели. Они обладают высокой чувствительностью, способностью сопереживать. Круги великолепно «читают» людей и в одну минуту способны распознать притворщика, обманщика. Круги «болеют» за свой коллектив и популярны среди коллег по работе. Однако они, как правило, слабые менеджеры и руководители в сфере бизнеса. Во-первых, Круги направлены скорее на людей, чем на дело. Пытаясь сохранить мир, они иногда избегают занимать «твердую» позицию и принимать непопулярные решения. Для Круга нет ничего более тяжкого, чем вступать в межличностный конфликт. Они любой ценой стремятся его избежать. Иногда — в ущерб делу. Во-вторых, Круги вообще не отличаются решительностью, часто не могут подать себя должным образом. Треугольники, как правило, легко берут над ними верх. Однако Круги не слишком беспокоятся, в чьих руках находятся власть. В одном Круги проявляют завидную твердость — если дело касается вопросов морали или нарушения справедливости. «Можно сказать, что Круг — прирожденный психолог. Однако часто он слабый организатор — ему не хватает черт Треугольника и Квадрата.

ЗИГЗАГ

Эта фигура символизирует креативность, творчество, хотя бы потому, что она самая уникальная из пяти фигур и единственная разомкнутая фигура. Если вы твердо выбрали зигзаг в качестве основной формы, то вы скорее всего истинный очень творческий человек, инакомыслец.

Вам, как и вашему ближайшему родственнику Кругу, только еще в большей степени, свойственны образность, интуитивность. Мысль Зигзага делает отчаянные прыжки от «а» к «я», поэтому многим трудно понять Зигзагов.

Зигзаги не фиксируются на деталях, поэтому они, упрощая в чем-то картину мира, строят целостные, гармоничные концепции и образы, видят во всём красоту. Зигзаги обычно имеют развитое эстетическое чувство. В отличие от Кругов, Зигзаги вовсе не заинтересованы в консенсусе и добиваются синтеза не путем уступок, а наоборот — заострением конфликта идей и построением новой концепции, в которой этот конфликт получает свое разрешение, «снимается». Причем, используя свое природное остроумие, они могут быть весьма язвительными, «открывая глаза» другим.

Зигзаги просто не могут трудиться в хорошо структурированных ситуациях. Их раздражают строго фиксированные обязанности. В работе им требуется независимость от других и высокий уровень стимуляции на рабочем месте. Тогда Зигзаг «оживает» и начинает выполнять свое основное назначение — генерировать новые идеи.

Зигзаги — идеалисты, отсюда берут начало такие их черты, как непрактичность, наивность.

Зигзаг — самый возбудимый из пяти фигур. Они не сдержанны, очень экспрессивны, что, наряду с их эксцентричностью, часто мешает им проводить свои идеи в жизнь. К тому же они не сильны в деталях и не слишком настойчивы в доведении дела до конца (с утратой новизны быстро теряют интерес к идее).

Послесловие

Когда заканчивается воспитание? Воспитание заканчивается с обретением мудрости. Самовоспитание заканчивается с обретением себя. Мир, покой и гармония приходят, когда уходят желания. Если мы становимся сами собой – мы становимся похожи на детей, а это значит, исчезает дистанция взрослый-ребёнок. Нет дистанции - есть принятия. Значит, мы уже не лепим кого-то из наших детей, а просто их принимаем такими, какие они есть. В этом и заключается любовь к ближнему.

Как вы уже успели заметить, эта книга не содержит фундаментальных педагогических знаний. Она лишь указатель на те истины, которые, казалось бы, и так все знают, но о которых забывается в процессе жизнедеятельности. Задача автора была о них напомнить.

В книге осталась не затронутой тема детских страхов, равно как и тема полов. Почему у одних родителей рождаются мальчики, у других девочки, у других и те и те. При наблюдении за жизнью ответы на эти вопросы можно найти самостоятельно. Что касается детских страхов, то на эту тему написано немало книг психологами. Однако страхи это, прежде всего, мы сами. Детские страхи это естественная реакция на незнакомое и неведомое. И ребенку зачастую просто нужно время, чтобы убедиться, что этот предмет не несет никакой угрозы. Куда сложнее обстоят дела со страхами взрослых. Страхами перед жизнью, перед плохим, перед неизвестностью, перед нестабильностью. Но эта тема заслуживает отдельного внимания и не входила в задачу данной книги.

Пусть воспитание для каждого родителя станет легким и приятным времяпрепровождением с ребёнком. Тогда жизнь будет доставлять больше радости и меньше разочарований. Всем людям планеты желаю воспитывать детей играючи и играть воспитывая. В этом нелегком деле для отцов будет нелишним помнить слова Тонтона Уайлдера о том, что ни один мужчина не может стать хорошим отцом, пока он не научится понимать своего собственного отца. А вот матерям будет не лишним вспомнить высказывания одной из мудрейших женщин прошлого столетия ЛуулеВиилмы о том, что человек способен не реагировать на мнение всего света, но не способен не реагировать на мнение матери о нём. Так что меньше критики и больше понимания – основа веселого воспитания. Всем любви и мира.

И помните, самый трудный ребёнок только тот, что живет в вас самих.

Буду рада получить читательские отклики и истории на тему воспитания на lifewithloveasitis@gmail.com.

В книге отражено мнение автора, оно никак не претендует на истину в последней инстанции, ибо до неё всегда доходишь сам.

Отдельное БОЛЬШОЕ СПАСИБО SusanDowning без которой эта книга не получилась бы такой, какой она получилась.

И анекдот напоследок:
- Мадам, скажите, почему, заполняя анкету, вы написали, что у вас нет детей? У вас же их четверо!
- Ох, разве ж это дети? Это ж паразиты!

Пусть такое случается только в глупых анекдотах.

Книги, готовящиеся в печать:

«Метафизика удовольствия, или Сладостные тернии. Посвящается алкоголикам, игрокам в азартные игры и прочим прожигателям жизни.

«Письма об Этом, или полная фигня под названием смысл жизни».

Оглавление

Искренность...6
Независимость.....................................11
Привычки..15
Характер...20
Опека...24
Баловство...31
Деньги...40
Наказание...46
Общение...56
Дети-подростки....................................64
Братья и сёстры...................................74
Авторство в судьбе ребёнка..............80
Выбор профессии................................85
Неполная семья...................................93
Брошенные дети................................101
Слепая любовь..................................107
Воспитание без пола.........................113
Почему рождаются дети...................117
Приложение с играми.......................125
Весёлые упражнения.......................136
Тесты..139

www.ingramcontent.com/pod-product-compliance
Lightning Source LLC
Chambersburg PA
CBHW051759040426
42446CB00007B/440